지속가능한 세상을 위한

시민권
이야기

지속가능한 세상을 위한
시민권 이야기

초판 1쇄	2022년 11월 2일
초판 2쇄	2023년 6월 9일
지은이	하승우
펴낸이	김영미
디자인	design KAZ
제작	공간
펴낸곳	이상북스
출판등록	제313-2009-7호(2009년 1월 13일)
주소	10546 경기도 고양시 덕양구 향기로 30, 106-1004
전화번호	02-6082-2562
팩스	02-3144-2562
이메일	klaffklaff2004@gmail.com
ISBN	978-89-93690-89-7 (44300)
	978-89-93690-00-2 (세트)

지속가능한 세상을 위한

시민권 이야기

우리 삶을 지켜 주는 안전망

이상
북스

도시에 대한 권리는 누구에게 있을까?

1989년 국제연합UN, The United Nations (이후 '유엔'으로 표기함)에서 아동의 권리에 관한 협약(유엔아동권리협약)이라는 국제협약이 만들어졌습니다. 아직 성인이 되지 않은 만 18세 미만의 모든 사람을 아동이라 부르고, 아동이나 그 부모가 인종, 피부색, 성, 언어, 종교, 정치적 견해 등에 따라 차별을 받지 않도록 정부는 그 권리를 보장해야 한다는 협약입니다. 이 협약은 정부가 "자신의 견해를 형성할 능력이 있는 아동에게 자신에게 영향을 미치는 모든 사안에 관해 의견을 자유롭게 표현할 권리"를 보장하고, 그 의견을 합리적으로 존중해야 한다고 규정합니다. 그래서 유엔아동권리협약은 아동의 '표현의 자유' '사상과 양심 및 종교의 자유' '결사 및 집회의 자유' '사생활 보호' 등을 권리로 보장합니다. 한국도 1991년 11월에 유엔아동권리협약을 비준했고, 협약에 따라 아동의 권리를 보장해야 합니다.

그런데 한국의 아동들은 이런 권리를 제대로 누리고 있을까요?

아동들은 자신에게 영향을 미치는 사안들에 대해 의견을 잘 낼 수 있나요? 청소년들이 생활하는 학교는 학생들의 의견을 잘 반영할까요? 사실 학생들의 의견 반영은커녕 학생의 속옷이나 복장의 색깔을 지정하고, 머리카락의 길이를 제한하고, 추운 겨울에도 교복 외에 패딩 점퍼를 입지 못하게 하는 학교들이 많습니다. 한국은 미성년이라는 이유로, 공부에 도움이 되지 않는다는 이유로 청소년들의 의견을 잘 듣지 않습니다. 청소년들이 어렵게 의견을 말해도 무시되거나 졸업한 뒤에 하라는 이야기를 듣기 쉽습니다.

이렇게 표현의 자유조차 제대로 누리지 못하는데 사상이나 양심의 자유, 결사 및 집회의 자유는 꿈꾸기도 어렵겠죠. 과격한 이야기를 하려는 것이 아닙니다. 국제법은 국내법과 동일한 효력을 가지므로, 유엔아동권리협약에 가입한 이상 국내법도 아동의 권리를 보장해야 한다는 말입니다. 그러지 않으면 정부가 스스로 법을 어기는 셈이지요. 이미 30년 이상 시간이 흘렀는데 변화가 없으면 큰일이죠.

더구나 청소년들은 앞으로 '기후위기의 시대'를 살아가야 합니다. 석탄과 석유와 같은 인류 문명을 일으켰던 화석연료는 고갈되어 가고, 원자력발전처럼 위험한 에너지원은 1500만 개가 넘는 사용·후핵연료봉과 핵폐기물들을 이미 만들었습니다. 여기에 지구가 점점 뜨거워지면서 폭염과 가뭄, 홍수, 슈퍼태풍처럼 인류의 생명을 위협하는 자연재난은 계속 더 늘어나고 있습니다. 이런 상황에서 청소년들은 미래를 선택할 권한을 보장받지 못한 채 '미래 시민'이라 불리고 있습니다. 미래를 살아갈 사람들에게 선택권을 주지 않으면 그 미래는 그들에게 무슨 의미가 있을까요?

기후위기만이 아닙니다. 보통 도시계획은 10년, 20년 뒤를 내다보고 세운다고 합니다. 그런데 그 지역에서 살아갈 청소년들에게는 아무런 권한이 없고, 전문가나 관련 기업, 그리고 공무원들이 도시 공간의 미래를 결정합니다. 그러니 청소년들은 자신이 설계하지도 운영하지도 않는 지역에 애정이나 관심을 두지 않습니다.

도시의 주인은 보통 시민이라고 답하지만, 정말 시민이 도시의 주인일까요? 시민이 도시를 설계한 것도 아니고 도시를 운영할 권한을 가진 것도 아닌데, 왜 시민을 도시의 주인이라고 할까요? 아마도 민주주의가 제대로 작동한다면 시민이 도시의 주인이 될 수 있겠지만, 현실은 그렇지 않아 보입니다.

청소년만 그런 건 아닙니다. 한국의 정치인을 보면 대부분 성인 남성 비장애인입니다. 제21대 국회 당선자의 평균 연령은 54.9세, 남성 비율은 81%, 비장애인 비율은 98.7%입니다. 지방의회도 크게 다르지 않습니다. 사회 약자들의 목소리가 제대로 반영되기 어려운 거죠. 그래서 도시 공간은 장애인이나 청소년이 다니거나 쓰기에 불편합니다.

2019년 '한국 아동·청소년 인권실태조사'에 따르면, 초·중·고등학생 9265명 중 "청소년도 사회문제나 정치문제에 관심을 갖고 의견을 제시하는 등 사회에 참여할 필요가 있다"라고 응답한 비율이 88.3%나 됩니다. 이미 청소년들은 참여 의지를 갖고 있는 거죠. 그러니 사회가 이 의지에 부응할 계획을 구체적으로 세워야 합니다. 그리고 청소년들은 촛불집회, 스쿨 미투, 기후시위 등으로 자기 목소리를 내고 있습니다. 그러니 참여를 준비해야 한다고 말할 필요는 없죠. 오히려 어떤 조건을 더 보장하고 앞으로 어떤 일들을 감당해야 하는지를 알려주는 것이 더 도움이 될 것입니다. '기회를 줄 테니 말해 봐'가 아니라 말할 수 있는 조건, 동등한 동료 시민으로 바라보는 관점이 중요합니다. 평등하지 않은 상황에서 자꾸 말을 하라고 하는 것도 강요일 수 있으니까요.

살아 숨 쉬는 권리가 되기 위해

이 책은 그런 의지를 가진 청소년들이 활용할 수 있도록 시민권의 역사와 쟁점을 다룹니다. 시민권이 그들에게 좋은 무기가 될 수 있을지 역사와 쟁점을 통해 살펴보려 합니다. 예를 들어 청소년들에게 조례나 법을 발의할 수 있는 권한이 있다면 어떤 일이 생길까요? 지금 당장은 투표를 하거나 선거에 나가지 못해도 관련된 활동을 하며 착실히 훈련한다면 나중에라도 기회가 오지 않을까요? 청와대나 교육청, 지방자치단체의 청원에는 청소년도 참여할 수 있고, 국가인권위원회에 진정하거나 헌법재판소에 헌법소원을 내거나 언론에 기고하거나 SNS Social Network Service 에 글을 올리는 것도 방법입니다. 정당법이 바뀌어서 만 16세 이상은 정당에 가입할 수 있으니(다만 만 18세 미만은 입당 신청 시 법정대리인의 동의서를 제출해야 함) 정당 활동을 하는 것도 방법입니다.

시민권의 역사는 시민권이 어떤 문제의식에서 어떤 과정을 통해 만들어지고 확장되었는지에 대해 알려 줄 것입니다. 인권에서 시민권으로, 생명권으로 확장되는 과정은 사회의 모순이 드러나고 그것을 해결하기 위한 대안을 마련하는 과정이니까요. 그리고 시민권의 쟁점은 죽은 권리가 아니라 살아 숨 쉬는 권리가 되기 위해 무엇을 고민해야 하는지를 알려 줄 것입니다. 추상적 권리 목록이 아니라 실제 생활에서 요구하고 책임지는 권리가 되려면 어떤 고민이 필요한지 같이 알아봅시다!

2022년 10월
하승우

| 차례 |

1부

시민권의 역사

- 본문 이해를 위해 필요하다고 판단한 경우에만 맨 처음에 나올 때 로마자나 한자를 병기했다.
- 책 제목은 《 》, 정기간행물·보고서·인터넷매체·영화는 〈 〉, 논문·법·노래·시·기사 등은 " ", 그 외 단체 명이나 용어 등에 강조나 가독성을 위해 ' '를 사용했다.
- 설명이 필요한 용어 중 간략한 것은 괄호 안에, 조금 긴 것은 따로 용어 설명 박스를 두어 설명했다.

1장

시민권의 탄생

1
왜 시민인가

시민의 등장은 일방적으로 규정된 신분 질서에서 벗어나 인간답게 살기 위한 투쟁과 연관이 있습니다. 시민은 자유인을 뜻하는 말이었습니다. 서구의 중세는 왕과 귀족, 종교인이 지배하는 시대였습니다. 대부분의 평민과 농노는 왕과 귀족의 일방적인 지배를 받아야 했습니다. 힘을 가진 사람들이 그렇지 않은 사람들의 생명과 재산을 마음대로 빼앗을 수 있는 사회, 핏줄에 따라 인생이 완전히 달라지는 사회였습니다.

그런데 도시는 그런 질서에서 조금은 자유로운 공간이었습니다. 지금이야 물건을 살 수 있는 시장이 곳곳에 있고 식당이나 카페도 쉽게 찾을 수 있지만, 그 시대는 그렇지 않았습니다. 물건을 만들어도 살 사람을 찾아야 했고 식당이나 카페는 교통의 중심지에만 있었습니다. 그러던 것이 사람들의 왕래가 잦고 가게들이 생기면서 시장이 만들어지고 그 시장을 중심으로 도시가 형성되었습니다.

시민의 등장

새롭게 사람들이 모인 도시는 비교적 기존의 혈연·지연에서 자유로웠고 물건을 사고 팔거나 치안을 유지하는 데 필요한 새로운 질서를 세워야 했기 때문에 도시의 주민들은 서로 논의를 많이 해야 했습니다. 도시의 주민을 뜻하는 시민은 단순히 그곳에 사는 사람들이 아니라 이런 논의에 적극적으로 참여하고 책임을 지는 사람을 뜻했습니다. 기술을 가지고 물건을 생산하던 장인들과 상품을 유통하던 상인들은 자신의 권리를 무시하는 봉건질서에 서서히 맞서기 시작했습니다. 자신의 생명을 위협받는 것은 물론 재산을 빼앗기는 것도 싫었으니까요.

당연히 왕과 귀족들은 이런 도시들이 눈엣가시 같았겠죠. 그래서 도시를 무너뜨리려는 시도도 자주 합니다. 자기 아들 머리 위에 사과를 놓고 활쏘기를 강요당했던 빌헬름 텔의 일화가 바로 오스트리아 제국의 침략에 맞섰던 스위스 도시의 이야기입니다. 반면에 왕국에 살던 평민과 농노들에게는 도시가 희망의 공간으로 여겨졌겠지요. 그래서 왕과 귀족들은 주민들이 함부로 도시에 드나들지 못하도록 막으려 했고, 평민과 농노들은 몰래 도시로 숨어들기도 했습니다.

이렇게 낡은 질서와 새로운 질서가 힘을 겨루던 상황에서 터진 사건이 바로 프랑스대혁명입니다. 1789년 5월에 왕과 성직자, 귀족, 평민이 모두 참여하는 삼부회가 논의과정에서 첨예하게 대립하고, 평민들은 자신들의 의견이 받아들여지지 않자 6월 17일에 독자적인 '국민의회'를 만듭니다. 이에 왕이 국민의회의 해산을 명령하고 모임을 막자 국민의회는 7월 9일에 제헌국민의회를 자처하며 프랑스 헌법을 만들겠다고 선언합니다. 평민들이 직접 헌법을 만든다니 이건 정말 혁명이죠. 더구나 7월 14일 파리의 평민들은 혁명에 필요한 무기를 얻기 위해 바스티유 감옥을 습격했고 파리 곳곳에 바리케이트를 세우고 군대와 맞섭니다.

그리고 1789년 8월 26일, 프랑스 제헌국민의회는 '인간과 시민의 권리선언'(이하 권리선언)을 공표했습니다.

국민의회를 구성하고 있는 프랑스 인민의 대표자들은 인권에 관한 무지와 망각, 멸시가 공공의 불행과 정부 부패의 가장 큰 원인이라는 것에 유의하면서, 하나의 엄숙한 선언을 통하여 인간에게 자연적이고 양도할 수 없으며 신성한 제 권리를 밝히려 결의한다. 그 의도하는 바는 사회의 모든 구성원이 항시 이 선언에 준하여 자신들의 권리와 의무를 계속 상기할 수 있도록 하고, 입법권과 행정권의 모든 행사가 모든 정치제도의 목적을 수시로 비교해서 더 신중하게 행사되도록 하며, 시민의 요구가 차후 단순하고 명확한 제 원리에 기초를 둔 것으로서, 언제나 헌법의 유지와 모두의 행복에 이바지할 수 있도록 하는 것이다.

지금 읽어 보면 그리 큰 감흥이 없을 수 있습니다. 하지만 당시 파리 시민들에게는, 정부의 감옥을 습격했던 파리 시민들에게는 어떤 느낌이었을까요? 인권에 대한 무시가 부패의 원인이요, 인권을 보장하는 것이 모두의 행복이라는 선언이라니, 가슴이 뜨거워졌을 겁니다. 이 기세에 눌려 루이 16세는 파리의 군대를 철수시키고 시민군대를 승인했습니다. 이 소식을 들은 파리 시민들의 가슴은 승리의 기쁨으로 벅차올랐을 것이고 새로운 사회에 대한 기대가 샘솟았을 것입니다. 제헌국민의회는 새로운 헌법을 준비하며 그 원리를 밝히기 위해 '권리선언'을 승인했습니다. 이런 선언을 딛고 소통과 연대의 싹이 피어나고 새로운 사회에 대한 기대가 커졌을 겁니다. 이런 기대가 없었다면 과연 파리 시민들이 루이 16세를 처형하고 공화국을 선언할 수 있었을까요?

모든 사람의 평등과 자유를 위한 권력

이런 '권리선언'이 갑자기 등장한 건 아닙니다. 이보다 14년 전인 1775년 4월 미국에서는 대영제국과 미국 이주민들 사이에 전쟁이 벌어졌습니다. 전쟁의 이유와 관련해서는 여러 설명이 있지만 미국이 영국의 식민지에서 독립하기 위해 총을 들었다는 점은 분명한 사실입니다. 이 독립의 정신을 밝히는 문서가 1775년 7월 4일에 합의된 독립선언서 초안입니다. 미국독립선언서도 정부의 수립과 그 권력의 목적이 모든 사람의 평등과 자유라는 점을 분명히 했고, 그 목적을 어길 경우 정부를 무너뜨릴 권리가 시민에게 있다고 선언했습니다.

우리는 다음과 같은 것들을 자명한 진리로 믿는 바, 즉 모든 사람은 평등하게 창조된다는 것, 그들은 창조주로부터 양도할 수 없는 일정한 권리를 부여받는다는 것, 그리고 이에는 삶, 자유 및 행복의 추구 등이 포함된다는 것, 이러한 권리를 확보하기 위해 인간들 사이에 정부들이 수립되며, 이들의 정당한 권력은 피치자의 동의에 연유한다는 것, 어떠한 형태의 정부라도 그러한 목적들을 파괴하는 것이 될 때에는 그 정부를 바꾸거나 없애 버려 새 정부를 수립하되, 인민들에게 자신들의 안전과 행복을 가장 잘 이룩할 것 같이 보이는 그런 원칙들에 입각하여 그 토대를 마련하고 또 그런

프랑스대혁명을 기념하기 위해 외젠 들라크루아가 1830년에 그린 그림. 앞장선 여인은 한 손엔 프랑스 국기를 다른 손에는 총검을 들고 있다. "민중을 이끄는 자유의 여신" ⓒ루브르 박물관

형태 하에 권력을 조직하는 것이 인민의 권리라는 것 등이다.

이처럼 유럽과 미국의 시민들은 모든 인간에게 자유와 평등, 행복 추구의 권리가 있다고 선언했고, 정부는 그 권리를 보장할 때만 정당성을 가질 수 있다고 주장했습니다.

자유롭고 평등하게 살 권리가 모두에게 있다는 이야기가 왜 중요할까요? 귀족이든 평민이든, 부자든 가난한 사람이든 '살아갈 권리'가 권력보다 앞선다는 선언이기 때문입니다. 정부에 앞선다는 것은 정부가 그런 권리를 보장해야 한다는 뜻입니다. 그러니이제 정부는 시민의 이런 권리를 중심으로 법과 제도를 만들어야합니다. 기존의 권력이 왕과 귀족을 위한 질서를 보호하기 위한수단이었다면, 근대의 권력은 시민의 권리를 보장하기 위해 쓰여야 한다는 거죠. 이렇게 시민은 자신을 위한 권리를 만들고 그것의 실현을 위해 싸웠던 사람들을 가리키는 말이었습니다.

한국의 시민, 시민사회

한국은 어땠을까요? 한국에서 시민이라는 말은 언제 처음 등장했을까요? 정상호는 《시민의 탄생과 진화》(한림대출판부, 2013)에서 한국에서 시민이라는 말이 사용된 것은 조선 시대부터지만 자율적이고 저항하는 주체로서의 시민은 1980년 광주항쟁과 1987년 6·10민주항쟁을 거치며 한국 현실에 등장했다고 주장합니다. 조선 시대의 시민은 단지 시장의 상업활동에 종사하는 사람을 일컫는 말이었고, 그 뒤에는 도시에 사는 사람들을 가리키는의미로 주로 사용되었다는 거죠. 그리고 식민지 시기에는 시민보다는 공민公民이라는 개념이 훨씬 더 자주 쓰였고, 정치 참여도 이공민을 중심으로 이루어졌다고 합니다.

이런 설명은 설득력이 있습니다. 말이 쓰였다고 해서 그 말의 뜻이 실현되었다고 보기는 어려우니까요. 공화국이라는 말이 개화기에 소개되었다고 해서 공화국이 실현되었다고 보기는 어렵습니다. 또 자유라는 말이 식민지 시기에 쓰였다지만 그 당시에 실제로 자유로운 사람은 매우 소수였기 때문에 한국 사회에 자유가 실현되었다고 보기는 어렵습니다. 그런 점에서 정상호는 한국 사회에서 시민이 실제 사회적인 의미로 등장하는 데 1980년 광주민주항쟁까지의 시간이 필요했다고 봅니다.

그런데 송호근은 《시민의 탄생》(민음사, 2013)에서 1860년대에서 1910년대까지의 한국 사회를 분석하며 시민의 출현 경로를 분석합니다. 송호근은 성리학이라는 '종교', 왕권과 양반과 향촌의 '정치', 한문과 문장을 중시하는 '문예'라는 세 축으로 작동하던 조선왕조가 붕괴하고 일제의 식민통치로 병합되는 과정에서 한국 시민사회의 기본 틀이 만들어졌다고 봅니다. 그 과정에서 가장 중요한 사건은 바로 동학입니다. 종교, 정치, 문예라는 조선왕조의 기둥을 흔들었을 뿐 아니라 자각인민("자신의 인식 공간에 사적 믿음을 내면화한 인민")을 출현시켰기 때문입니다. 송호근은 유럽의 종교개혁과 동학을 비교하며 "수운이 종교개혁의 화살을 당긴 루터였다면, 해월은 루터의 개신교리를 도시인에게 전파한 칼뱅이었고, 전봉준을 위시한 남접 동학 지도자들은 농민 전쟁을 지휘한 뮌처와 유사했다"고 주장합니다. 전국 조직을 만들고 경전을 갖추고 서로 소통하는 연락망을 형성한 동학은 성리학과 대적할 수 있는 종교 공동체이자 문예 공동체, 정치 공동체였습니다. 동학운동을 통한 자각인민의 탄생이 시민 탄생의 밑거름이었다는 주장은 흥미롭습니다.

그런데 서구의 시민사회 개념이 부르주아 계급을 중심에 두듯이, 송호근도 교양시민과 경제시민의 출현으로 시민사회를 설명하려 합니다. 송호근의 설명에 따르면, "교양시민은 수학자, 회계사, 교수, 의사, 기술자 등 고등교육을 받은 전문가 그룹을 지칭하며, 경제시민은 무역과 생산을 주도해 부를 축적하고 근대적 형태의 기업활동으로 귀족계급의 헤게모니에 도전한 계층"입니다. 당연히 당시 조선에는 이런 사람들이 소수였고, 이런 사람들을 중심으로 시민사회를 구성하려면 역사는 뒤로 밀릴 수밖에 없었고, 송호근의 설명에서도 시민의 탄생은 식민지 해방 이후로 미뤄집니다.

이런 설명들은 분명 타당성이 있지만 어떤 조건을 갖춘 이들이 아니라 자신에게 필요한 사회를 적극적으로 요구하고 만들려는 이들을 시민으로 본다면, 식민지 시기와 군사독재정권 하에서 권리를 주장하며 치열하게 싸운 시민들이야말로 시민 개념에 가장 잘 부합하는 사람들이 아닐까요? 시민이 자율적인 정치 주체이고 그런 시민들의 사회가 시민사회라면, 한국의 식민지 시기에 3·1운동이나 해외 무장투쟁, 사상과 조직 운동 같은 능동적 정치 활동이 가장 활성화되었던 걸 어떻게 설명해야 할까요? 주권이 없고 시민권을 보장받지 못했으니 이러한 정치활동들은 시민의 활동이 아닌 걸까요? 어떻게 보면 지금보다 식민지 시기가 주권에 대한 의지와 정치적 열정을 품은 시민들로 충만한 시기가 아니었을까요? 시민사회는 적극적이고 능동적인 시민들이 만들어 가는 것입니다.

함께 생각해요!

미국 독립전쟁, 프랑스대혁명, 일제 식민지 시기 3·1운동의 공통점은 무엇일까요? 우리의 요구들을 모아서 선언한 적이 있나요? 있다면 어떤 선언이었나요? 그 선언에 어떤 내용이 담기면 좋을까요?

2

권리란 무엇인가

근대국가는 이전의 왕정이나 귀족정과는 다른 곳에서 권력의 정당성을 찾아야 했습니다. 기존에는 신이나 핏줄이 권력의 정당성을 만들어 주었다면, 근대국가의 권력은 시민들에게서 정당성을 확보해야 했습니다. 특히 근대국가는 혁명이나 전쟁을 통해 세워지는 경우가 많았기 때문에 기존의 질서를 옹호하는 방식이 아니라 새로운 시대정신을 찾아야 했지요.

근대의 시대정신은 봉건제의 속박을 타파하는 민주주의였고, 이제 개인은 자신이 속할 정치체제를 결정해야 했습니다. 과거에는 일방적으로 정해졌던 신분, 주거, 관계 등이 새롭게 규정되어야 했습니다. 왜 누군가는 지배하고 누군가는 복종해야 하는가? 내 자유를 희생하는 복종을 정당화하는 원리는 무엇인가? 복종을 하더라도 인간의 근본적인 자유를 침해받지 않기 위해서는 무엇이 필요한가? 과거에는 하지 않았던 이러한 질문들이 근대에는 나올 수밖에 없었습니다. 그리고 헌법은 이런 질문들에 답하며 권력의 정당성을 만들어야 했습니다.

시민의 동의를 통해서만 정당화되는 권력

토마스 홉스(1588-1679)는 그런 고민을 구체화한 사상가입니다. 홉스는 사회를 구성하는 가장 기본 단위인 개인과 그 개인의 욕구에서 권력과 국가의 정당성을 끌어내려 했습니다. 복종해야 한다고 강요하기보다 그 복종의 이유와 범위를 분명하게 밝히려 했습니다. 홉스는 리바이어던으로 상징되는 군주에게 모든 권력을 집중시키고 무조건 복종해야 한다고 주장했지만, 그 이유는 군주에게 잘 보이기 위해서가 아니라 개인의 안전과 행복을 보장받

리바이어던(Leviathan)

구약성경 욥기 41장에 나오는 바다괴물의 이름으로, 홉스는 절대권력자를 리바이어던이라 불렀다. 그리고 1651년에 펴낸 같은 제목의 책에서 이 괴물을 교회권력으로부터 해방된 국가에 비유했다.

기 위해서였습니다. 군주에게 절대권력을 주는 대신 그 권력을 시민의 안전과 행복을 위해 쓰도록 한 것이죠.

더구나 홉스는 당시 신분질서 속에서 특권을 누리던 귀족들을 일반 시민들과 동등한 개인으로 만들었습니다. 즉 주권자를 제외하면 모두가 동등한 시민이라는 거죠. 그런 의미에서 홉스는 케케묵은 과거의 유산을 청산하고 개인이 자유로이 행복을 추구할 수 있는 근대국가의 문을 활짝 연 사상가로 불립니다.

홉스는 인간들의 상호폭력을 막고 서로의 생명과 안전을 지킬 사회계약을 주장했고, 이 계약에 따라 만들어지는 것이 주권을 양도받은 사람, 즉 주권자입니다. 홉스는 사회계약을 말하면서 입법권을 주권자에게 집중시켰습니다. 그래서 주권자와 시민은 엄청난 권력의 격차를 갖지만 시민들 사이에서는 평등함이 유지됩니다. 헌법은 주권자의 의지를 밝힌 것이고 시민들은 그 헌법을 무조건 지켜야 했습니다. 홉스는 평등한 개인들의 사회를 만들고, 권력의 기반을 그 개인들의 동의에서 찾았습니다. 그래서 시민은 자신의 생명을 위협하는 국가에는 복종할 의무가 없어졌습니다. 시민의 동의를 통해서만 권력이 정당화된다는 점이 이제 분명해졌습니다.

프랑스 제헌국민의회의 '권리선언' 제1조는 "인간은 권리에 있어서 자유롭고 평등하게 태어나 생존한다. 사회적 차별은 공동 이익을 근거로 해서만 있을 수 있다"고 규정했습니다. 지금 들으면 시큰둥할 수 있지만 당시 온몸으로 신분의 차별을 겪던 파리 시민들에게는 어떤 느낌이었을까요? '모든 인간은 자유롭고 평등하다.' 당연해 보이는 이 선언은 자유롭고 평등한 시민으로 살기 위한 투쟁을 통해서만 선포될 수 있었습니다. '이제 내가 왕이나 귀족들과도 평등한 존재다'라는 말은 얼마나 속 시원한 소리인가요. 시민들의 소통과 연대는 이런 평등한 관계에서만 가능하고, 시민사회는 이런 관계가 보편적일 때 활성화됩니다.

'권리선언' 제2조는 "모든 정치적 결사의 목적은 인간의 자연적이고 소멸될 수 없는 권리를 보전함에 있다. 그 권리란 자유, 재산, 안전, 그리고 압제에의 저항 등이다"라고 저항권을 분명하게 못 박았습니다. 내 자유와 재산, 안전을 지키기 위해서라면 언제든 부당한 권력에 저항할 수 있다고 저항권을 못 박고 난 뒤에야 주권에 관한 이야기가 나옵니다. 왕이나 황제, 귀족들이 다시 파리와 프랑스를 장악할 수도 있지만 이미 선포된 이 자유롭고 평등한 관계를 찾기 위해 시민들은 언제라도 다시 봉기할 수 있음을 선언한 것입니다. '정당성은 저항하는 시민에게 있다'라는 말 역시 당시 시민들의 마음을 울렸을 것이라고 생각합니다. 이 '권리선언'이 인류 역사에서 중요한 이유는 이를 공개적으로 선언했고, 많은 시민이 이 선언 때문에 목숨을 희생당하면서도 이 정신을 지켰기 때문입니다.

3·1독립선언서와 대한민국임시헌장

한국의 3·1독립선언서도 인류의 평등과 자주를 선언하지만, 조선의 '독립'에 방점이 있습니다. 일제에 맞서자는 피 끓는 선언이지만 '권리선언'이나 미국독립선언서에서 보이는 권리가 가장 먼저 등장하지는 않습니다. 인간의 자유와 평등은 조선의 독립과 인류의 평등으로 먼저 설명됩니다. 그러니까 앞선 선언들에서 강조되었던 '인간'이라는 말이 등장하지 않는다는 것입니다. 반면에 '조선인' '인류' '민족' '민중'과 같은 말들이 등장합니다. 어떻게 보면 우리의 독립선언서에서는 정부가 시민에 앞서고, 권리의 주체는 다소 추상적입니다.

1919년 4월 11일에 공포된 대한민국임시정부의 대한민국임시헌장은 지금의 대한민국헌법처럼 정부의 성격을 먼저 규정한

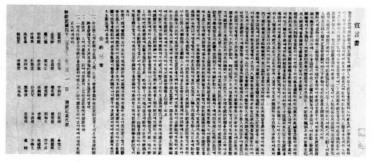

3·1독립선언서. 인류의 평등과 자주를 선언하지만 조선의 '독립'에 방점이 있다.

뒤 인민의 권리를 말합니다.

제1조 대한민국은 민주공화제로 한다.
제2조 대한민국은 임시정부가 임시의정원의 결의에 의하여 통치
      한다.
제3조 대한민국의 인민은 남녀, 귀천 및 빈부의 계급이 없고 일체
      평등하다.

평등과 권리에 대한 우리의 고민은 일제 식민지 치하에서 싹
트기 시작했다고도 볼 수 있습니다. 다만 대한민국임시정부가 국
외에 자리 잡고 있었기 때문에 국내외 시민들의 권리를 보장하기
는 어려웠습니다. 사람들은 일제의 강제 집권을 피해 만주로, 시
베리아로, 전 세계 곳곳으로 흩어졌고, 그들은 난민의 설움을 겪
어야 했습니다.

함께 생각해요!

3·1독립선언서와 대한민국임시헌장에 드러난 인민의 권리를 살펴봅시다. 지금의 대
한민국헌법과 어떤 점이 같고 어떤 점이 다를까요?
청소년의 권리선언을 만든다면 어떤 내용이 들어가야 할까요? 가장 앞에 나올 제1조
에는 어떤 내용이 담기면 좋을까요?

3

무국적자의 권리는
어떻게 보장할까

난민 또는 이산^{離散}(가족이나 단체의 구성원이 헤어져 흩어짐)을 뜻하는 디아스포라_{diaspora}는 여러 이유로 자신의 정치 공동체를 등진 사람들을 가리키는 말로 자주 사용됩니다. 서경식은 《디아스포라 기행: 추방당한 자의 시선》(돌베개, 2006)에서 디아스포라란 어쩔 수 없이 자기 땅을 떠나 떠도는 사람들, 낯선 땅에 정착한 사람들을 가리킨다고 얘기합니다.

조선 사람들 역시 과거 한 세기 동안 식민 지배, 제2차 세계대전과 한국전쟁, 군사정권에 의한 정치적 억압 등을 경험해, 상당수에 달하는 사람들이 뿌리의 땅인 한반도로부터 세계 각지로 이산했다. 코리언 디아스포라의 총수는 현재 대략 600만 명이라고 한다.

재일조선인은 그 일부이며 나는 그중 한 사람이다.

－《디아스포라 기행》

아무 권리도 보장받지 못하는 사람들

전 세계로 흩어진 한인들은 어떤 권리를 누렸을까요?

유럽에서 유대인이 겪은 차별이나 일본에서 한인이 겪은 차별에 관해서는 많은 책과 영화에서 자주 다루었습니다. 그렇지만 실제로는 훨씬 더 많은 사람들이 국적 없이 살아갔습니다. 보통 전쟁이 그런 현상을 심화시키는데, 제1·2차 세계대전은 수많은 무국적자를 만들었습니다. 독일에서 태어나 나치를 피해 프랑스로 갔다가 미국으로 망명한 정치사상가 한나 아렌트는 그 자신이 국

한나 아렌트(Hannah Arendt, 1906-1975)

독일 출신의 미국 정치이론가. 홀로코스트 생존자로, 유대인 문제에 대한 비판적 저술과 전체주의에 관한 연구로 유명하다. 《전체주의의 기원》(1951)을 발표하여 학계의 주목을 받았으며 《인간의 조건》(1958)으로 정치이론가의 입지를 굳혔다. 나치 전범 '아돌프 아이히만'의 재판 과정을 담은 《예루살렘의 아이히만》(1963)에서 '악의 평범성'이라는 개념을 발전시켜 큰 반향을 일으켰다.

적 없는 삶을 살았고 무국적자들의 정치적 권리에 많은 관심을 가졌던 사람입니다.

자신의 국적을 가지지 못한 사람들은 어떤 일을 겪을까요? 아렌트는 1951년에 출간한 《전체주의의 기원》(한길사, 2017)에서 무국적자의 모순된 삶을 다음과 같이 묘사합니다.

> 무국적자는 거주할 권리도 없고 일할 권리도 없기 때문에 끊임없이 법을 위반해야 했다.⋯단지 이 세상에 존재한다는 사실로 인해 어제 감옥에 있던 사람, 어떤 종류의 권리도 없고 추방의 위협에 시달리며 사는 사람, 또는 일하려 했고 생계를 꾸려 가려 했다는 이유로 판결도 재판도 없이 강제수용소로 이송될 수 있는 사람이 사소한 도둑질로 거의 완벽한 시민이 될 수 있는 것이다. 무일푼이라도 그는 이제 변호사를 얻을 수 있고 교도관에 대해 불평할 수 있으며, 그리고 사람들은 그의 말에 정중하게 귀 기울인다. 그는 더 이상 지구의 쓰레기가 아니다.

아무 권리도 보장받지 못했던 무국적자는 언제라도 그 나라 밖으로 강제 추방될 수 있는 법 밖의 존재였지만 범죄를 저지르면 범죄자로서 그 나라 사법 체계의 대상이 되고 인권을 인정받는다는 모순을 아렌트는 이렇게 지적했습니다. 거의 모든 무국적자들이 이런 불안한 삶을 살고 있었습니다.

당시 유럽에는 법 밖에 존재하는 무국적자, 한 국가의 국경 안에 살면서 일하지만 권리를 가질 수 없는 사람이 수백만 명이나 되었습니다. 프랑스대혁명이 주장했던 인권이나 시민권은 이들에게 보장되지 않았습니다. 자신들에게도 인권이 있다고 주장할 수 있었지만 그 목소리에 귀를 기울여 주는 사람이 없었습니다. 그런 권리를 누리고 싶으면 너희 나라로 돌아가라는 비난만 받았죠. 지금도 그렇지만 그 당시에도 이들에 대한 혐오나 무차별 폭력 같은 증오범죄가 자주 발생했습니다. 그런 폭력을 당해도 정부의 보호를 받지 못하는 사람들, 그래서 평등을 누릴 수 없고 존재 자체가 불법으로 규정되는 사람들이 바로 무국적자였습니다.

인권과 시민권

정부는 무국적자들의 권리를 보장하기는커녕 경찰을 통해 이들을 관리하려 했습니다. 지금 한국의 외국인노동자들이 힘든 노동을 전담하듯이 당시에도 무국적자들이 고된 노동을 맡고 있었기에 이들을 무조건 국외로 추방할 수도 없었습니다. 하지만 사고를 미연에 막아야 했기에 경찰이 이들을 관리하는 역할을 맡았고, 그러다 보니 무국적자들은 아무 짓도 하지 않았음에도 잠재적인 범죄자 취급을 당하기 쉬웠습니다. 경찰의 주목을 계속 받았으니까요.

아렌트는 인권과 시민권을 구분하면서 무국적자들에게는 추상적 인권은 보장되지만 그 권리를 실제로 보장해 줄 정치조직이 없어 시민권을 누리지 못한다고 보았습니다. 무국적자는 마음대로 자기 나라로 떠날 수도 없고, 그렇다고 새로운 나라를 세울 수도 없고, 그 어떤 권리도 보장받지 못하는 상태, 즉 지구상 어디에서도 권리를 누리지 못하고 보호받지 못하고 언제 탄압을 받을지 예상할 수도 없는 예외적 상태에 놓였습니다. 여기서 아렌트는 의미심장한 말을 남깁니다.

> 한 공동체에서 자신의 위치를 잃어버린 사람, 자신의 시대와 싸우면서 정치적인 지위를 잃어버린 사람, 자신의 행위와 운명의 일부를 일치하도록 만드는 법인격을 잃어버린 사람 모두는 주로 사생활 영역에서만 분명해질 수 있는 특징을 가지게 되고 공적인 관심을 받는 모든 사안에서 자격이 없는 존재로 남아야만 한다.
>
> ─《전체주의의 기원》

정치 공동체에서 자기 자리를 잡지 못한 사람은 사적인 개인으로밖에 살 수 없습니다. 그리고 설령 국적을 가지고 있다손 치더라도 사생활의 영역으로 밀려난 사람은, 예를 들어 빈민이나 장애인은 공적인 결정에서 배제되었습니다. 이들은 그런 상태에 불만을 품었지만 공적인 장에 자기 모습을 드러내기조차 어려웠습니다.

무국적자와 주권자의 차이는 무엇일까요? 주권은 함께하기로 약속한 다수의 사람이 만든 것이고, 그렇기에 집단으로 행사되는 권리입니다. 나라를 세우고 주권을 확립하는 과정은 정치 공동체를 세우고 자유의 공간을 만드는 중요한 과정입니다. 반면에 무국적자는 그런 공동의 힘과 권력이 없기에 자신의 권리를 실현할 방법이나 과정을 만들지 못했습니다.

지금 우리는 공동체의 일에 관심을 두지 않고 개인의 삶에 몰두할 것을 요구받는 시대, 그런 삶이 잘 사는 삶으로 여겨지는 시대를 살고 있습니다. 그렇지만 어떻게 보면 그렇게 사생활에 치우친 삶은 무국적자의 삶과 다를 바 없습니다. 어느 순간 누구도 나의 권리에 관심을 두지 않아 내 권리를 보장받지 못하는 순간이 올 수 있기 때문이죠.

함께 생각해요!

우리가 동포라고 부르는 한국의 디아스포라들은 어느 나라에 얼마나 살고 있을까요? 그들은 그 나라의 시민들과 동등한 대우를 받고 있을까요? 그리고 한국에는 얼마나 많은 무국적자가 있을까요? 그들은 어떤 대우를 받고 있을까요?

지속가능한 세상을 위한 시민권 이야기

4
누가 권리를 보장해 줄까

보통 '권리'를 이야기하면 '누가 그것을 보장해 줄 것인가'라는 질문이 따라 나옵니다. 시민권을 얘기할 때는 그것을 보장할 주체가 주로 국가라고 얘기되고요. 앞서 무국적자에 대해 살펴보았듯 국적을 가지지 못한 사람들은 보호를 받지 못하는 상황에 빠지니까요. 따라서 내가 속하고 권리를 보장받을 나라를 찾는 것이 중요하며, 권리를 요구할 수 있는 곳은 대개 정부가 됩니다.

국적을 가지는 대표적인 방법은 두 가지입니다. 사람에 따라 적용되는 속인주의와 영토 안에 있는 사람 모두에게 적용되는 속지주의가 있습니다. 한국은 속지주의를 원칙으로 하고, 해외의 한국인에 대해서만 속인주의 원칙을 적용하고 있습니다. 즉 한국 내에서 발생하는 일에 대해서는 한국인과 외국인 가리지 않고 동일하게 한국법을 적용하고, 한국인이 외국에서 법을 어기면 국내법을 적용해 처벌합니다. 물론 해당 국가와 법 해석을 두고 충돌이 생기기도 하는데, 그러면 국제법에 따라 일을 처리하게 됩니다. 로마에 가면 로마법을 따르라고 하는 이유는 그래야 권리를 보장받을 수 있기 때문입니다.

권리 보장을 위한 여러 정치 공동체

그러면 한국에 살고 있는 모든 외국인은 한국인과 같은 권리를 누리고 있을까요? 그렇지는 않습니다. 그렇다면 그들의 권리는 어떻게 보장받을까요? 일차적으로는 해당 국가가 이주민에게 취하는 정책이 중요하고, 그다음은 국제협약입니다.

그런데 국가만 정치 공동체일까요? 그렇지는 않습니다. 유엔처럼 세계평화를 지키고 국가 간의 협력을 증진시키기 위한 국제기구도 있습니다. 다음 장에서 살펴보겠지만 유엔은 1948년 12월 10일 세계인권선언을 채택했고, '시민적·정치적 권리규약'(이하 자유권 규약) 및 '경제적·사회적·문화적 권리규약'(이하 사회권 규약)을 1966년에 채택하고 1976년부터 발효했습니다. 1993년에는 오스트리아 비엔나에서 세계인권회의를 개최하고 세계인권선언이 채택된 이후의 전 세계 인권의 상황을 평가하고, 장애요인을 진단하고, 인권의 완전한 실현을 위한 과제를 검토하는 '비엔나 인권선언과 행동계획'을 발표하기도 했습니다. 그리고 기후위기처럼 전 세계에 영향을 미치는 문제는 유엔과 같은 국제기구가 다뤄야 하는 중요한 사안이기도 합니다.

유엔 외에도 한 국가의 권한을 넘어서는 결정을 내리는 공동체가 있는데 대표적인 곳이 바로 유럽연합EU, European Union입니다. 유럽연합은 회원국 전체에 적용되는 법을 만들고 유로EURO라는 단일통화(일정한 지역이나 경제권에서 하나로 통합되어 유통되는 화폐)를 사용하며 공동으로 정책을 채택합니다. 당연히 유럽연합에 소속된 국가의 시민들은 유럽연합법에 따라 인권과 시민권을 보장받습니다. 원칙적으로 회원국의 시민들은 국적이나 성별, 인종에 따른 차별을 받지 않고 어디서나 거주할 수 있는 권리를 누립니다. 회원국의 법률에 위임되는 내용도 있지만 하나의 정치 공동체로서 유럽연합은 시민권의 공통된 내용을 보장하려 합니다.

유럽기는 유럽연합의 공식 깃발이자 상징이다.

무국적자들이 권리를 보호받지 못하는 무능력한 주체로 어려움을 겪는 한편에서 이제 국적을 뛰어넘어 활동하는 세계시민이 출현하여 자신과 타인들의 권리를 위해 싸우기도 합니다. 다른 나라의 문제나 전 지구적 사안에 관심을 가지고 행동하는 시민이 출현한 거죠. 예를 들면, 원주민들이 자신들의 권리를 지키려는 운동, 석유회사와 같은 다국적기업을 반대하는 불매운동이나 저항운동, 세계은행IBRD, International Bank of Reconstruction and Development과 같은 국제기구의 지원을 받는 댐 건설을 반대하는 비폭력 저항운동, 최빈국의 외채 탕감을 주장하는 직접행동, 다자간 투자협정을 반대하는 운동, 세계무역기구WTO, World Trade Organization를 반대하는 운동, 토지를 요구하는 농민들의 직접행동, 전 지구적 신자유주의에 반대하는 원주민 공동체 등 다양한 운동이 있습니다. 커피나 카카오를 채취하기 위해 아동들을 착취해 온 대기업들이 고발되기도 하고 이주노동자의 권리를 보호하려는 운동도 있습니다. 이들은 국적을 뛰어넘어 자신과 타자의 권리를 지키기 위해 연대합니다. 이들은 그 나라의 시민이 아니지만 정부가 권리를 보장하도록 만

직접행동

정치·경제·사회적 목적을 이루기 위해 개인이나 집단이 사회·정치 제도에 따르지 않는 행동.

들 수 있습니다.

사회의 합의를 통한 권리 보장

사실 정부권력을 구성하는 것은 시민의 결속과 약속, 연합과 계약입니다. 민주주의에서 정치제도나 정치기구는 공동체의 약속과 합의를 반영하기 위한 것이지 정치인의 지배를 위한 도구가 아닙니다. 한나 아렌트는《정치의 약속》(푸른숲, 2007)에서 이렇게 말합니다.

만일 우리가 세계 안에 존재하는 어떤 기관이나 조직, 공적인 기구를 바꾸고 싶다면, 우리는 그 헌법과 법, 법령을 개정할 수만 있고 나머지는 스스로 처리하기를 기대해야 한다. 그 이유는 인간이 함께하는 곳이면 그곳이 사적이거나 사회적인 장소이든 공적이거나 정치적인 장소이든 사람들을 자연스럽게 그곳으로 모으는 동시에 서로를 구분하는 하나의 공간이 만들어지기 때문이다. 그 모든 공간은 시간이 흐르면 변하고 관습처럼 사적인 맥락으로, 협회와 같은 사회적인 맥락으로, 법률과 헌법, 법령 등과 같은 공적인 맥락으로 자신을 드러내는 구조를 갖춘다.

법은 우리가 사는 세계의 틀을 짜고, 권력은 그 세계에서 구성됩니다. 그러니 우리가 세계를 구성하는 방법에 따라, 사는 세계에 따라 다른 권력이 구성될 수 있습니다.

시민권은 인권의 발전에서 힘을 얻어 사회적으로 구성되어 온 권리입니다. 누구의 어떤 권리를 보장할 것인지, 그것은 개인의 선택이 아니라 사회의 합의여야 합니다.

함께 생각해요!

한국에서 인권과 시민권을 보장받기 위해 활동하는 단체들을 찾아보세요. 국내에도 참 많은 사례와 쟁점이 있습니다.

2장
인권과 시민권

1
세계인권선언과
자유권·사회권 규약

　1948년 12월 10일 제3회 유엔총회에서 채택된 세계인권선언
은 국제 평화와 협력을 위한 첫걸음이 모든 인류의 "존엄성과 동
등하고 양도할 수 없는 권리를 인정"하는 것이라고 봤습니다. 인
간은 "언론과 신앙의 자유, 그리고 공포와 결핍으로부터의 자유를
누릴 수 있"어야 하고, 그래서 "법에 의한 통치에 의하여 인권이
보호되어야 하는 것이 필수적"입니다. 그리고 이런 기본적인 권리
의 보장과 함께 "사회적 진보와 보다 나은 생활 수준을 증진"하는
것이 필요하다고 봤습니다.

　그래서 "유엔총회는 모든 개인과 사회 각 기관이 이 선언을 항
상 유념하면서 학습 및 교육을 통하여 이러한 권리와 자유에 대한
존중을 증진하기 위하여 노력하며, 국내적 그리고 국제적인 점진

적 조치를 통하여 회원국 국민들 자신과 그 관할 영토의 국민들 사이에서 이러한 권리와 자유가 보편적이고 효과적으로 인식되고 준수되도록 노력하기 위하여, 모든 사람과 국가가 성취하여야 할 공통의 기준으로서 이 세계인권선언을 선포한다"[*]라고 규정합니다.

세계인권선언의 권리목록

총 30조로 구성된 세계인권선언은 다음과 같이 권리목록을 규정합니다.

- 생명과 신체의 자유와 안전에 관한 권리.
- 고문이나 비인도적인 처우를 받지 않을 권리.
- 어디서나 법 앞에 인간으로서 인정받고 차별 없이 동등하게 보호받을 권리.
- 공정하고 공개된 재판을 받을 권리.
- 자국 내에서 이동 및 거주의 자유에 대한 권리.
- 다른 나라로 떠날 권리와 돌아올 권리.

[*] 인용하는 세계인권선언은 모두 유엔인권최고대표사무소의 한글 번역본에서 따왔다.

- 박해를 피하여 다른 나라에서 보호를 구하거나 보호를 받을 권리.

- 국적을 가질 권리.

- 혼인하고 가정을 이룰 권리.

- 단독으로뿐만 아니라 다른 사람과 공동으로 재산을 소유할 권리.

- 사상·양심 및 종교의 자유에 대한 권리.

- 의견의 자유와 표현의 자유에 대한 권리.

- 평화적인 집회 및 결사의 자유에 대한 권리.

- 직접 또는 자유로이 선출된 대표를 통하여 자국의 정부에 참여
  할 권리.

- 사회의 일원으로서 사회보장을 받을 권리.

- 일·직업의 자유로운 선택, 정당하고 유리한 노동조건, 그리고
  실업에 대한 보호의 권리.

- 아무런 차별 없이 동일한 노동에 대하여 동등한 보수를 받을 권리.

- 자신의 이익을 보호하기 위하여 노동조합을 결성하고 가입할
  권리.

- 노동시간의 합리적 제한과 정기적인 유급휴가를 포함하여 휴식
  과 여가의 권리.

- 적합한 생활 수준을 누릴 권리.

- 생계 결핍의 경우에 보장을 받을 권리.

- 어머니와 아동은 특별한 보호와 지원을 받을 권리.

- 교육을 받을 권리.

세계인권선언문.

지속가능한 세상을 위한 시민권 이야기

• 모든 사람은 공동체의 문화생활에 자유롭게 참여하며 예술을 향유하고 과학의 발전과 그 혜택을 공유할 권리.

권리목록이 아주 길지요? 하지만 아무리 긴 권리목록도 제대로 지켜지지 않으면 쓸모가 없겠지요? 그래서 세계인권선언 제28조는 "모든 사람은 이 선언에 규정된 권리와 자유가 완전히 실현될 수 있도록 사회적·국제적 질서에 대한 권리를 가진다"고 선언합니다.

그런데 모든 사람의 권리라고 선언하면 사람들의 권리는 서로 충돌할 수 있잖아요. 그래서 제29조 제2항은 "모든 사람은 자신의 권리와 자유를 행사함에 있어, 다른 사람의 권리와 자유를 당연히 인정하고 존중하도록 하기 위한 목적과, 민주사회의 도덕, 공공질서 및 일반적 복리에 대한 정당한 필요에 부응하기 위한 목적을 위해서만 법에 따라 정하여진 제한을 받는다"라고 규정합니다. 권리가 서로 충돌할 때는 힘이나 돈이 아니라 법에 따라 정리되어야 한다는 겁니다. 그래야 약자의 권리가 보장되니까요.

사실 대한민국헌법에도 이런 기본 권리들이 담겨 있는데요, 대한민국헌법에는 없지만 세계인권선언에는 있는 권리가 뭘까요? 대한민국헌법은 제10조 행복을 추구할 권리부터 국민의 기본권을 쭉 나열합니다. 그렇지만 대한민국헌법은 한 국가 내의 권리를 규정하기에 다른 나라로 떠날 권리와 돌아올 권리, 박해를 피해 다른 나라에서 비호를 구하거나 비호받을 권리, 국적을 가질 권리는 규정하지 않습니다.

그리고 대한민국헌법에는 노동과 관련해 근로의 권리는 규정되어 있지만 실업에 대한 보호의 권리는 규정되어 있지 않습니다. 아무 차별 없이 동일한 노동에 대하여 동등한 보수를 받을 권리, 자신의 이익을 보호하기 위해 노동조합을 결성하고 가입할 권리, 노동시간의 합리적 제한과 정기적인 유급휴가를 포함한 휴식과 여가의 권리 등은 헌법이 아니라 법률로 위임되어 있습니다. 구체적인 보장조건은 헌법보다 개별 법률로 다뤄야 필요에 따라 계속 수정할 수 있지만, 헌법에 그런 권리가 없어서 소홀히 다뤄진다는 비판도 있습니다.

자유권·사회권 규약

유엔총회는 더욱 구체적인 권리보장을 위해 1966년 12월 16일 '자유권 규약'과 '사회권 규약'을 통과시켜 1976년 3월 23일부터 발효합니다. 한국도 1990년 4월 10일에 이 규약에 가입했고요.

이 규약들은 인권에 관해 훨씬 더 구체적인 조항들을 담고 있습니다. 예를 들어 자유권 규약은 생명권을 보호하기 위해 "사형을 선고받은 사람은 누구나 사면 또는 감형을 청구할 권리를 가진다.

사형선고에 대한 일반사면, 특별사면 또는 감형은 모든 경우에 부여될 수 있다. 사형선고는 18세 미만의 자가 범한 범죄에 대하여 과하여져서는 아니되며, 또한 임산부에 대하여 집행되어서는 아니된다"(제6조)라고 규정합니다. 죄를 지었어도 사람의 목숨을 함부로 빼앗으면 안 된다는 것이 인권 정신입니다.

그리고 자유권 규약 제25조는 "모든 시민은 제2조에 규정하는 어떠한 차별이나 또는 불합리한 제한도 받지 아니하고 다음의 권리 및 기회를 가진다. ①직접 또는 자유로이 선출한 대표자를 통하여 정치에 참여하는 것, ②보통·평등 선거권에 따라 비밀투표에 의하여 행하여지고, 선거인의 의사의 자유로운 표명을 보장하는 진정한 정기적 선거에서 투표하거나 피선되는 것, ③일반적인 평등 조건 하에 자국의 공무에 취임하는 것"이라고 규정합니다. 특별한 것 없어 보이는 규정이지만 "모든 시민"이란 규정에 주목할 필요가 있습니다. 보통 참정권은 그 나라의 국적을 가진 사람들만 행사하는데 이 규약은 정책의 영향을 받는 모든 시민의 권리를 인정하기 때문입니다.

사회권은 "인종, 피부색, 성, 언어, 종교, 정치적 또는 기타의 의견, 민족적 또는 사회적 출신, 재산, 출생 또는 기타의 신분 등에 의한 어떠한 종류의 차별도 없이 행사되도록 보장할 것을 약속"(제2조 제2항)합니다. 사회권 규약 제7조는 노동의 권리를 다음과 같이 보장합니다. 한국은 노동의 권리가 잘 보장되지 않는 나라이기에 이런 권리를 알아두는 것이 중요합니다.

이 규약의 당사국은 특히 다음 사항이 확보되는 공정하고 유리한 근로조건을 모든 사람이 향유할 권리를 가지는 것을 인정한다.
1) 모든 근로자에게 최소한 다음의 것을 제공하는 보수.
　① 공정한 임금과 어떠한 종류의 차별도 없는 동등한 가치의 노동에 대한 동등한 보수, 특히 여성에게 대하여는 동등한 노동에 대한 동등한 보수와 함께 남성이 향유하는 것보다 열등하지 아니한 근로조건의 보장.
　② 이 규약의 규정에 따른 근로자 자신과 그 가족의 품위 있는 생활.
2) 안전하고 건강한 근로조건.
3) 연공서열 및 능력 이외의 다른 고려에 의하지 아니하고, 모든 사람이 자기의 직장에서 적절한 상위직으로 승진할 수 있는 동등한 기회.
4) 휴식, 여가 및 근로시간의 합리적 제한, 공휴일에 대한 보수와 정기적인 유급휴일.

한국에도 근로기준법이나 최저임금법, 노동조합 및 노동관계조정법, 산업안전보건법 같은 관련 법률이 제정되어 시행되고 있습니다. 그렇지만 동일노동에 대한 동일임금, 남녀 간 임금 격차

해소, 품위 있는 생활을 위한 임금, 안전하고 건강한 노동조건, 합리적인 휴식의 보장 등은 여전히 과제로 남아 있습니다.

특히 사회권 규약 제11조는 "이 규약의 당사국은 모든 사람이 적당한 식량, 의복 및 주택을 포함하여 자기 자신과 가정을 위한 적당한 생활 수준을 누릴 권리와 생활 조건을 지속적으로 개선할 권리를 가지는 것을 인정한다. 당사국은 그러한 취지에서 자유로운 동의에 입각한 국제적 협력의 본질적인 중요성을 인정하고, 그 권리의 실현을 확보하기 위한 적당한 조치를 취한다"라고 규정합니다. 인간이 살아가는 데 반드시 필요한 의식주는 개인이 노력해서 마련하는 것이 아니라 사회와 정부가 보장해 줘야 한다고 사회권 규약은 못을 박고 있습니다. 단지 임금만이 아니라 적당한 생활 수준을 누리고 그것을 개선시킬 수 있어야 한다는 점이 중요합니다.

한국도 이 규약에 가입했기 때문에 이런 국제적 흐름을 무시할 수 없습니다. 그래서 사회권 규약에 따라 "규약에서 인정된 권리의 준수를 실현하기 위하여 취한 조치와 성취된 진전사항에 관한 보고서를 이 부의 규정에 따라 제출"해야 합니다. 그리고 유엔 사회권위원회는 5년 단위로 보고서를 심의해 정책 반영을 권고합니다. 실제로 2017년 유엔 사회권위원회는 한국 기업의 해외 인권 침해 대응, 포괄적 차별금지법 제정, 노조 할 권리 보장 등을 한국 정보에 권고했습니다. 그러니 이런 규약의 변화를 잘 아는 것도 중요합니다.

세계인권선언의 권리목록에서 지금 한국에 가장 필요한 권리는 무엇일까요? 그 이유를 친구들과 의논해 보세요.

2
인권과 시민권의 공통점

인권과 시민권은 같은 말일까요? 인권과 시민권은 같은 말일 수도 있고 다른 말일 수도 있는데요, 일단은 어떤 지점에서 같은지 살펴봅시다.

인권은 보통 천부인권天賦人權, 즉 인간이 태어나면서 자연적으로 갖게 되는 권리라고 합니다. 그러니 인권은 특별한 노력을 하지 않아도 사람이라면 누구나 가져야 할 권리라고 볼 수 있지요. 물론 그렇다고 해서 정말 누구나 인권을 가질 수 있는 건 아닙니다. 인권의 역사는 인권운동의 역사와 무관하지 않고, 권리를 쟁취하기 위해 싸워 온 역사이기도 하니까요.

요즘은 동물권 이야기가 나오면서 '인간만 권리를 가질 수 있는 주체냐'라는 질문도 나옵니다. 인권은 인간의 권리지만 생명권이라고 하면 모든 생명체가 가지는 권리라고 볼 수 있습니다.

인권은 매우 보편적인 권리로서 가장 기본적인 권리를 규정한 것이라고 볼 수 있습니다. 인간에게 가장 기본적인 권리가 무엇일까요? 당연히 생명에 대한 권리겠죠. 누구도 타인이나 그 무엇에게 자신의 생명을 빼앗기고 싶지 않을 테니까요. 물론 인간이 죽음을 피할 수는 없지만 폭력적이고 공포스러운 죽음을 맞이하고 싶은 사람은 없을 겁니다. 그래서 자유권 규약은 "모든 인간은 고유한 생명권을 가진다. 이 권리는 법률에 의하여 보호된다. 어느 누구도 자의적으로 자신의 생명을 박탈당하지 아니한다"라고 규정합니다(제6조 제1항).

모두에게 필요한 자유권

그런데 살아 있기만 하면 되는 건 아니죠. 우리는 자유로운 존재고 부당하게 신체나 마음, 양심을 억압당해선 안 됩니다. 개인의 자유를 지킨다는 것은 소극적으로 생각하면 방해받지 않는 것이고, 적극적으로 생각하면 그런 자유를 누릴 수 있는 사회적 조건을 만드는 것입니다. 그 사회적 조건에서 가장 기본적인 것은 의식주고요. 노예노동이 사라졌다고 하지만 먹고 살기 위해 부당한 '갑질'을 받아들이는 사람이 있다면 그 사회는 자유롭다고 보기 어렵습니다.

그래서 자유권 규약과 사회권 규약의 공동 제1조는 다음과 같이 시작합니다.

1. 모든 사람은 자결권을 가진다. 이 권리에 기초하여 모든 사람은 그들의 정치적 지위를 자유로이 결정하고, 또한 그들의 경제적·사회적 및 문화적 발전을 자유로이 추구한다.

2. 모든 사람은, 호혜의 원칙에 입각한 국제적 경제협력으로부터 발생하는 의무 및 국제법상의 의무에 위반하지 아니하는 한, 그들 자신의 목적을 위하여 그들의 천연의 부와 자원을 자유로이 처분할 수 있다. 어떠한 경우에도 사람은 그들의 생존수단을 박탈당하지 아니한다.

3. 비자치 지역 및 신탁통치 지역의 행정책임을 맡고 있는 국가들을 포함하여 이 규약의 당사국은 유엔 헌장의 규정에 따라 자결권의 실현을 촉진하고 동 권리를 존중하여야 한다.

시민 각자가 자유를 실현하다 보면 충돌이 발생할 수도 있고 정부가 지나치게 시민의 삶을 통제할 수 있기 때문에 이런 권리를 실현하기 위해 별도의 국가기구를 만들기도 합니다. 한국에는 입법, 사법, 행정 3부 어디에도 소속되지 않은 독립 기구로 국가인권위원회가 설치되어 있습니다. 이 기구의 법적 근거인 국가인권위원회법 제1조는 이렇게 시작합니다. "이 법은 국가인권위원회를 설립하여 모든 개인이 가지는 불가침의 기본적 인권을 보호하고 그 수준을 향상시킴으로써 인간으로서의 존엄과 가치를 실현하고 민주적 기본질서 확립에 이바지함을 목적으로 한다." 이 목적을 실현하기 위해 국가인권위원회는 인권침해 사례를 조사하고 문제를 바로잡기 위한 권고를 하기도 합니다.

국가인권위원회는 아동인권침해에 대해서도 개입하는데요. 대표적인 것이 식당이 13세 이하 아동을 받지 않는 소위 '노키즈존' no kids zone에 대해 차별행위로 판단하고 시정을 권고한 사례입니다. 인권은 모두를 위한 것이고, 청소년에게도 자유가 필요합니다. 어떻게 보면 이런 자유는 청소년에게 더욱 절실합니다. 청소년은 '미래를 위해'라는 명목 아래 마땅히 누려야 할 기본 권리까지 유예된 상태니까요. 청소년의 권리는 보호받아야 하고, 청소년 스스로 권리를 규정하고 주장할 수 있어야 합니다. 어떤 권리가 더 강화되고 어떤 권리가 유예될 수 있는지에 대해 어느 일방이 결정할 수 없습니다. 청소년의 판단이 중요합니다.

학생인권조례

학교의 경우 학생들의 인권을 보장하기 위한 법률이 따로 존재합니다. 서울특별시 학생인권조례 제1조는 "'유엔아동권리협약'에 근거하여 학생의 인권을 보장함으로써 모든 학생의 인간으로서의 존엄과 가치를 실현하며 자유롭고 행복한 삶을 이루어 나갈 수 있도록 하는 것을 목적으로 한다"라고 규정합니다. 그리고 제3조 학생 인권의 보장 원칙은 "①이 조례에서 규정하는 학생 인권은 인간으로서의 존엄성을 유지하고 행복을 추구하기 위하여 반드시 보장되어야 하는 기본적인 권리이며, 교육과 학예를 비롯한 모든 학교생활에서 최우선적으로 그리고 최대한 보장되어야 한다. ②학생의 인권은 이 조례에 열거되지 않았다는 이유로 경시되어서는 아니된다. ③학칙 등 학교 규정은 학생 인권의 본질적인 내용을 제한할 수 없다"라고 규정합니다. 학생 인권이 기본권이고 모든 학교생활에서 최대한 보장되어야 한다는 것이죠.

그렇다면 그 구체적 권리는 무엇일까요? 이 인권조례에 따르면, 학생 인권의 내용은 다음과 같습니다.

- 차별받지 않을 권리.
- 폭력 및 위험으로부터의 자유.
- 교육에 관한 권리.
- 사생활의 비밀과 자유 및 정보의 권리.
- 양심·종교의 자유 및 표현의 자유.
- 자치 및 참여의 권리.

- 복지에 관한 권리.
- 징계 등 절차에서의 권리.
- 권리침해로부터 보호받을 권리.
- 소수자 학생의 권리 보장.

특히 다른 인권과 관련된 법률에서 보기 어려운 중요한 규정을 보면 다음과 같습니다.

제10조(휴식권)

① 학생은 건강하고 개성 있는 자아의 형성·발달을 위하여 과중한 학습 부담에서 벗어나 적절한 휴식을 누릴 권리를 가진다.

② 학교의 장은 학생의 휴식을 누릴 권리를 보장하기 위하여 충분한 휴식 시간과 휴식 공간을 확보해야 한다.

③ 학교의 장 및 교직원은 학생 의사에 반하여 정규교육과정 이외의 교육활동을 강요함으로써 학생의 휴식권을 침해하여서는 아니된다.

④ 교육감은 학생의 휴식권을 보장하기 위하여 정규교육과정 이외의 교육활동을 제한할 수 있다.

제12조(개성을 실현할 권리)

① 학생은 복장, 두발 등 용모에 있어서 자신의 개성을 실현할 권리를 갖는다.

② 학교의 장 및 교직원은 학생의 의사에 반하여 복장, 두발 등 용모에 대해 규제하여서는 아니된다.

제23조(급식에 대한 권리)

① 학생은 안전한 먹을거리에 의한 급식을 제공받을 권리를 가진다.

② 학교의 장은 급식재료, 급식업체 등 급식 관련 정보를 학생에게 제공하고 정기적으로 급식에 관한 의견조사를 실시하며 그 결과를 급식에 반영하여야 한다.

③ 교육감, 학교의 장은 친환경 농산물에 기초한 급식을 제공하기 위하여 노력하여야 한다.

④ 교육감은 의무교육과정에서의 직영급식과 무상급식을 실시하기 위하여 노력하여야 한다.

학생이니 휴식권이 충분히 보장되어야 하고, 학교는 학생의 휴식권 보장을 위해 충분한 시간과 공간을 확보해야 하며, 정규 교과 이외의 활동을 강요할 수 없다는 것입니다. 그리고 두발과 복장에서 개성을 실현하는 것과 안전한 급식도 권리로 보장되고 있습니다.

실제 학교에서 얼마나 지켜지고 있을지는 의문이지만, 권리로 인정되고 있다는 점은 중요합니다. 학교의 교칙보다 서울특별시 교육청의 조례가 더 상위의 규범이니까요.

인권과 시민권의 관계

앞에서 살펴본 것처럼 인권 사상이 헌법에 녹아들어 있고, 시민권은 이런 인권 정신을 시민의 구체적 권리로 구성한 것이라고 볼 수 있습니다. 마치 학생인권조례가 학생의 상황에 맞게 권리를 재구성한 것처럼, 시민권은 다양한 사람의 이해관계를 조절해 구체화한 권리라고 볼 수 있지요. 서로 뗄 수 없는 관계지만 그렇다고 같은 건 아닙니다.

한국은 1948년에 헌법이 제정된 이후 군사독재정권이 권리를 유보시킨 적은 있지만 기본권 자체를 부정한 적은 없습니다. 양심의 자유나 집회 및 결사의 자유는 유보되거나 제한되었을지언정 그 자체가 폐지된 적은 없습니다. 독재 정부라 하더라도 인권을 완전히 부정하기는 어렵기 때문입니다. 그렇다고 독재 정부가 인권을 실현한 건 아니고, 독재 정부도 쉽게 부정하지 못하는 것이 인권이라는 말입니다. 반면에 독재 정부에서 실현 불가능한 것은 시민권이라고 할 수 있습니다. 권리들에 대한 논의조차 시도하기 어려우니까요. 이렇게 보면 시민권의 보장 없이도 인권은 유지될 수 있지만 제 몫을 하기는 어렵습니다.

물론 한국만의 특별한 상황은 아닙니다. 서구에서도 인간의 기본권이라고 했을 때 인간의 기준이 처음엔 백인 성인 남성이었고, 일정한 재산을 가진 사람에게만 그런 기본권이 보장되었습니다.

재산이 없는 가난한 사람과 여성, 유색인종의 권리는 부정되었지요. 인권과 시민권이 불일치하는 상황이 발생했던 것입니다.

분명 인권은 여러 나라에서 헌법상의 기본권을 정의하는 데 있어 중요한 역할을 했습니다. 하지만 인권과 시민권의 불일치는 끊임없이 그 경계를 조절해야 하는 과정을 만들었고, 민주주의는 그 과정에 권리를 제대로 보장받지 못하는 사람들이 적극적으로 참여할 수 있는 통로를 만들어야 했습니다.

'누가 권리를 보장할 것인가'라는 면에서도 정부에게만 그 역할을 주면 인권은 국가라는 경계를 넘어서기 어렵습니다. 그런 점에서 보편적 인권과 국가의 시민권의 차이점이 생긴다고 볼 수 있습니다.

함께 생각해요!

인권에서 보장되는 기본권 중 한국에서 잘 보장되지 않는 권리는 무엇일까요? 그리고 그 이유는 무엇일까요? (예시: 공정한 재판, 거주의 자유, 사상의 자유, 휴식과 여가 등)

3

인권과 시민권의 차이점

'권리'는 대상과 주체가 분명합니다. 인권이 보편적 권리라면, 시민권은 사회적이고 구체적인 권리입니다. 그래서 시민권은 그 권리를 구성하고 보장하고 재구성하는 사회적 과정을 만드는 것이 중요합니다. 시민권에서는 권리를 누리고 보장하는 것만이 아니라 무엇이 권리인지를 구성하는 과정이 중요합니다.

그리고 인권과 시민권은 완전히 일치하지 않습니다. 즉 법이 받쳐 주지 않으면 인권은 쉽게 무력화될 수 있습니다. 무국적자에 관한 이야기에서 우리는 이미 그것을 확인한 바 있습니다. 제1·2차 세계대전 이후 유럽의 국경은 많이 달라졌고 그러면서 어디에도 속하지 못하는 주민들, 소속된 국가가 달라진 주민들이 대규모로 발생했습니다. 국가가 바뀌었더라도 계속 국가에 소속된 사람들의 사정은 그나마 나았지만, 어느 곳에도 속하지 못한 사람들의 인권은 처참한 수준이었습니다. 정부가 이들의 권리를 보장하지 않았을 뿐 아니라 시민들도 이들을 적대하고 혐오했으니까요. 우리도 인간이라는 그들의 절규는 차단당했고, 무국적자들은 특정 지역을 벗어나지 못하거나 수용소에 갇히기도 했습니다.

그런 점에서 앞서 얘기했듯 한나 아렌트는 권리를 잃어버린 사람들에 대한 문제를 지적했습니다. 아렌트는 어느 정치 공동체에도 속하지 못한 사람들은 권리를 잃어버릴 수밖에 없고, 그들을 위한 법도, 그들을 위한 평등도 존재하지 않는다고 한탄했습니다. 한마디로 무국적자들은 존재하지만 보이지 않는 유령과 같은 존재였단 말이지요. 그래서 아렌트는 "정치조직의 상실이 그를 인류로부터 추방한 것"이라 보고, 이들에게는 '권리를 가질 권리'the right to have rights가 필요하다고 주장했습니다.

권리를 가질 권리

권리를 가질 권리는 일종의 정치적 권리입니다. 정치 공동체에서 자기 자리를 가지지 못하고, 그래서 어떤 법적·정치적 지위도 누리지 못하는 사람은 다시 공적 인간으로 존재하기 위해 싸움을 시작해야 합니다. 단지 법 앞의 평등을 보장하겠다는 말로는 실질적인 차별과 혐오를 막을 수 없습니다. 그런 점에서 아렌트는 모든 인간이 평등하게 태어났다는 주장을 부정하며 다음과 같이 말합니다.

우리는 평등하게 태어나지 않았다. 우리는 상호 간에 동등한 권리를 보장하겠다는 우리의 결정에 따라 한 집단의 구성원으로서 평등하게 되는 것이다. 우리의 정치생활은 우리가 조직을 통해 평등을 산출할 수 있다는 가정에 근거한다. 왜냐하면 인간은 공동의 세계 안에서 행위를 하고 동등한 사람들과 함께, 오로지 이들과 함께 공동 세상을 변화시키고 건설할 수 있기 때문이다.

－《전체주의의 기원》

그러니 가장 중요한 것은 정치를 할 수 있는 권리, 자신의 정치 공동체를 만들고 그 속에서 타자들과 관계를 맺으며 동등한 구성원이 될 수 있는 권리라는 것입니다.

우리도 인간이라는 외침은 그 외침을 들을 사람, 서로 눈을 맞추며 알겠다고 고개를 끄덕여 줄 사람을 필요로 합니다. 아렌트는 추상적 인권보다 실질적인 시민권이 더욱 중요하다고 봤습니다. 인간의 권리라는 것은 시민권 없이 또는 그보다 앞서 존재하기 어렵다고 본 거죠. 정치의 주체가 되어야 실질적인 권리를 보장받을 수 있고, 그러므로 정치로 초대받지 못한 사람들은 그런 장을 스스로 만들거나 초대하도록 요구해야 한다는 것이지요.

서울특별시 학생인권조례에도 비슷한 조항이 있습니다. '제26조 권리를 지킬 권리'가 그것인데, "학생은 인권을 옹호하고 자기나 다른 사람의 인권을 지키기 위한 활동에 참여할 권리를 가지며, 그 행사로 인하여 불이익을 받지 아니한다"라고 규정하고 있습니다. 즉 자신의 권리를 지키기 위해 어떤 활동에 개입할 수 있고, 그런 일에 참여했다는 이유로 불이익을 받아서는 안 된다는 말입니다.

시민권을 통해 현실의 구체적 권리가 되는 인권

그러면 인권은 무의미한 것일까요? 그렇지는 않다고 봅니다. 인권의 원리를 현실에서 구현하고 생명력을 부여하는 것이 시민권이라고 볼 수 있는 것이죠. 인권의 원리가 세워지지 않았다면 시민권도 쉽게 실현되기 어려웠을 것입니다. 그리고 시민권은 반드시 정부가 보장해야 하는 것만도 아닙니다. 정부는 시민사회의 의지를 대변하는 기관이고, 능동적 시민들이 힘을 모아 서로의 권리를 보장할 수도 있거든요. 정부가 제한적으로 보장하는 시민권을 확장하고 새로운 사람들에게 시민권을 부여하는 역할은 바로 능동적 시민사회, 사회운동의 몫이기도 합니다. 예를 들어, 서울시에서 학생인권조례가 제정된 건 시민들이 직접 조례를 발의하는 운동을 펼쳤기 때문입니다.

그러므로 인권이 기본권을 보장한다면 시민권은 그 권리를 구체화하고, 확장하고, 재구성한다고 볼 수 있습니다. 그리고 그 힘은 국가만이 아니라 시민사회에도 있고요. 인권은 보편적이고 시민권은 특정한 영역 내의 사람들에만 적용된다고 보지 말고 끊임없이 권리의 영역을 재구성하려는 노력이 중요합니다.

'차별에 찬성하십니까?'라고 물으면 그렇다고 답할 사람은 많지 않습니다. 설령 차별에 찬성하더라도 '그렇다'라고 공개적으로 얘기할 사람은 별로 없습니다. 차별이 나쁘다고 생각하니까요. 하

이주노동자 인권·노동권 보장 촉구 기자회견에 참석한 한 이주노동자가 열악한 노동 현실을 보여 주는 피켓을 들고 있다.

지만 '외국인과 내국인을 똑같이 대해야 한다고 생각하십니까?' 라는 질문에는 긍정적으로 답할 사람이 줄어들 것입니다. 내국인과 외국인의 권리가 달라야 한다고 생각하는 사람들이 있을 테니까요. 특히 한국인은 외국인노동자에 대한 편견, 백인이 아닌 같은 유색인종 외국인에 대한 편견이 강합니다. 한국에 노동력이 부족해서 외국인노동자를 받아들인 것인데 마치 그들에게 선심을 써서 일자리를 제공하는 것인 양 생각하기 쉽습니다. '그건 네 문제잖아, 나는 관심 없어' 또는 '저 사람들은 원래 그래', 이렇게 생각하면 서로의 권리를 보장하기 어렵고, 정부도 외국인의 권리를 적극적으로 보장하지 않습니다. 국경을 넘나드는 이동이 자유로운 시대에는 그에 맞는 변화가 필요합니다.

그래서 현대의 시민권은 참여와 연대를 통해, 시민들의 역량을 통해 지속적으로 변화합니다. 인권은 시민권을 통해 구체적인 현실의 권리가 되고, 시민권은 인권을 통해 보편적 연대의 가능성을 얻게 됩니다. 그리고 시민은 어떤 완성된 주체라기보다는 시민이 되려는 지속적인 노력을 통해 되살아납니다.

함께 생각해요!

한국에서 시민들이 적극적 요구로 획득한 대표적인 시민권에는 무엇이 있을까요? 그 권리는 몇 년도에 어떤 과정을 통해 보장되었을까요? (예시: 최저임금, 기초생활보장, 집시법, 대체복무제 등)

3장

시민권의 확장

1
거주하는 모든 사람의 권리

시민권 이론을 정립했다고 평가받는 사람은 영국의 사회학자 토마스 험프리 마셜Thomas Humphrey Marshall입니다. 마셜은 시민권을 "공동체의 성원에게 부여된 지위"라고 정의하고 모든 사람이 시민의 지위에 따른 권리와 의무를 평등하게 갖는다고 주장했습니다. 특히 마셜은 정부가 시민의 권리를 실현하도록 도울 의무를 가진다고 보며 복지국가의 기준을 잡았습니다.

마셜도 시공을 초월한 시민권이란 존재하지 않는다고 생각했고, 특히 시민권은 자본주의가 등장한 뒤 점점 더 심해진 사회 불평등을 바로잡을 도구라고 봤습니다. 마셜은 시민권의 공민적 요소, 정치적 요소, 사회적 요소가 각기 다른 시간대에 발전해 왔다고 봅니다.

예를 들어, 18세기에는 시민의 법적 지위를 보장하고 자유권을 보장하는 공민의 권리들civil rights이 발전했고, 19세기에는 1인 1표의 원칙 또는 재산과 상관없는 보통선거권, 참정권 확대와 같은 정치적 권리들political rights이 발전했고, 20세기에는 시민의 교육과 복지를 보장하고 실업급여나 임대주택, 기초연금 같은 사회안전망을 만드는 사회적 권리들social rights이 발전했다고 봅니다. 물론 시민권이 하나씩 단계적으로 등장했다는 말은 아니고 그 권리가 요구되고 부각되며 확장되는 특별한 시기가 있었다는 것입니다.

마셜은 사회적 권리가 공민의 권리와 정치적 권리의 상호작용을 통해 보장될 수 있었고 자본주의의 불평등을 민주적으로 완화시키는 과정에서 복지국가가 출현했다고 봅니다. 농민이나 노동자가 정치적 권리를 가지지 못했다면 복지정책을 추진할 정치인들이 당선되지 못했을 테니까요.

시민권의 위기 또는 변화

그런데 이 시민권은 20세기 중반 이후 두 가지 문제에 부딪혔습니다. 하나는 시민권을 보장하기 위한 복지국가의 재정 능력이 경제위기와 더불어 위태로워졌다는 점입니다. 1973년과 1978년 두 차례의 오일쇼크와 경기침체는 복지에 쓸 재정을 줄였고, 시민들의 다양해진 욕구는 정부의 획일적 서비스로 만족되기 어려웠습니다. 즉 복지비용을 많이 써도 시민들의 만족도는 높아지지 않았고, 그러다 보니 공공서비스를 통한 전체적인 만족보다 시장을 통한 개별적인 만족을 선택하는 시민들이 늘어났습니다. 만족을 못하니 시민들은 세금을 내는 것도 정부 역할이 커지는 것도 바라지 않게 되었습니다.

다른 하나는 기존의 국민국가 체계를 넘어선 정치 공동체가 등장하기 시작했고, 세계화된 신자유주의 경제가 자본과 사람의 자유로운 이동을 요구했다는 점입니다. 유럽연합은 회원국의 시민들을 차별하지 않습니다. 즉 프랑스 시민이 스페인에 가든 이탈리아에 가든 동일한 법적 지위를 요구할 수 있습니다. 유럽연합기본권헌장 제41조 제1항은 "유럽연합의 모든 시민은 회원국의 영토 내에서 자유롭게 이동하고 거주할 권리를 갖는다"고 규정하고 있거든요. 제34조 제2항도 "유럽연합 내에 합법적으로 거주하거나 유럽연합 내로 합법적으로 이동하는 모든 사람은 유럽연합법과 회원국의 법 및 관습에 따라 사회보장급여와 사회적 혜택을 받을 권리를 갖는다"고 규정하고 있습니다. 회원국의 시민은 유럽연합에 소속된 나라에 있는 이상 자국과 동일한 권리를 요구할 수 있다는 것이지요. 이런 건 예전에는 찾아볼 수 없었던 일입니다.

더구나 유럽연합은 유럽의회를 구성하고 "유럽연합의 모든 시민은 자신이 거주하는 회원국에서 해당 회원국의 국민과 동일한 조건으로 유럽의회 선거에서 선거권 및 피선거권을 갖는다"(제39조 제1항)라고 합니다. 즉 내가 어느 나라에 살건 해당 국가에서 유럽의회의 선거권과 피선거권을 가질 수 있다는 말입니다. 이 역시 정치적 권리가 해당 국가 내에 제한되던 시기와는 매우 다른 현상입니다.

거주민의 권리에 대한 고민

이런 변화를 반영한 대표적 개념이 거주권을 뜻하는 데니즌 denizen 입니다. 시티즌citizen 의 다른 말이지요. 지역에 정착해서 살아가는 외국인을 뜻하는 데니즌의 수는 계속 늘어나고 있습니다. 유엔에 따르면, 2020년 중반까지 여러 이유로 해외의 다른 나라에 머물거나 그 나라의 시민권을 받은 이민자의 규모가 약 2억 8천만 명, 전체 인류의 3.6%에 이른다고 합니다. 그리고 그 수는 계속 늘어나고 있다고 하고요. 그러니 이런 거주민의 권리에 대한 고민이 생길 수밖에 없습니다. 보통 데니즌은 내국인과 외국인 사이에 있는 존재로서 경제적 권리는 누릴 수 있지만 정치적 권리는 보장받지 못합니다.

그래서인지 1985년 12월 13일에 열린 제40차 유엔총회는 '체류국의 국민이 아닌 개인의 인권에 관한 선언'을 채택했습니다. 이 선언의 정신에 따라 모든 사람은 국적과 관계없이 기본적인 인권과 경제적·사회적·문화적 권리를 갖습니다.

제3조   모든 국가는 외국인에게 영향을 미치는 자국의 법률 또는 규정을 공개해야 한다.

제4조   외국인은 자신이 거주하거나 거주하는 국가의 법률을 준수하고 해당 국가의 국민의 관습과 전통을 존중해야 한다.

제10조 모든 외국인은 자신이 국민인 국가의 영사관 또는 외교 공관과 언제든지 자유롭게 통신할 수 있으며, 그들이 없을 경우, 그 또는 그녀가 거주하는 국가의 이익 보호를 위임받은 다른 국가의 영사관 또는 외교 공관과 통신할 수 있다.

이상적으로 가장 좋은 입장은 외국인을 배제하는 배타적 시민권이 아니라 국적을 따지지 않고 거주하는 모든 사람의 권리를 보

인천 중구 북성동에 위치한 차이나타운. 해외 거주 중국인(화교)들이 많이 모여 사는 차이나타운은 우리나라에도 여러 곳 있다.

장하는 것입니다. 대한민국헌법 제6조 제2항도 "외국인은 국제법과 조약이 정하는 바에 의하여 그 지위가 보장된다"라고 규정합니다. 그러니 한국 헌법도 외국인이 기본권을 누려야 한다는 점을 인정하는 셈입니다.

하지만 대부분의 기본권이 자국의 시민을 대상으로 하다 보니 외국인은 그런 권리를 누리기 쉽지 않고 그 권리를 누릴 수 있는 체계도 제대로 갖춰져 있지 않습니다. 예를 들어 의료보험만 해도 6개월 이상 한국에 체류하는 외국인은 건강보험에 가입해야 하는 제도가 실시되고 있지만 실제로 그것을 외국인이 이용하기에는 언어나 시설 등이 불편하다는 평가를 받고 있습니다.

외국인들이 세금을 안 내면서 건강보험이나 사회보험의 혜택만 받는다고 말하는 정치인들이 있는데, 사실이 아닙니다. 오히려 외국인 건강보험은 2020년 한 해에만 5천억 원 이상의 흑자가 났습니다. 병원에 가고 싶어도 일하느라 못 가는 외국인들이 많으니까요. 게다가 농업이나 어업에 종사하는 외국인노동자들은 직장가입자가 아니라서 상대적으로 비싼 보험료를 냅니다.

그러니 이들에 대한 권리보장이 사회의 중요한 이슈가 될 수밖에 없습니다. 하지만 한국은 외려 이들을 차별해 온 역사가 있습니다. 한국에는 귀화한 중국인이라고 볼 수 있는 화교華僑가 한때 7만 명이 넘었지만, 차별정책 때문에 이들의 수는 계속 줄어들었습니다. 더구나 1992년 중국과의 수교 이후 대만과 국교를 단절하면서 화교들의 처지는 더욱 애매해졌습니다. 지금도 한국 정부는 이들의 권리를 제대로 보장하고 있지 않습니다.

함께 생각해요!

자기 나라를 떠나서 생활하는 외국인들이 거주민으로서 권리를 보장받기 위해 가장 필요한 것은 무엇일까요? 한국에서 외국인의 권리를 보장하기 위해 만들어진 시설이나 안내가 있다면 서로 정보를 공유해 봅시다.

2

세계화와 한국의 이주민정책

한국에서도 이주민의 수가 계속 늘어나고 있어 2019년엔 장기체류와 단기체류를 합한 체류 외국인 수가 처음으로 250만 명을 넘었습니다. 전체 인구의 4.9% 정도인데요, 통계청에 따르면 이주배경인구(본인이나 부모 중 어느 한쪽이 외국 국적을 가졌거나 가진 사람. 귀화한 사람이나 이민자 2세 등도 포함됨)가 2020년 222만 명(4.3%)에서 2040년에는 352만 명(6.9%)까지 증가할 전망입니다. 그렇다면 한국은 이렇게 귀화한 사람이나 이민자 2세를 어떻게 대하고 있을까요?

한국의 제주도는 2002년에 제정된 "제주특별자치도 설치 및 국제자유도시 조성을 위한 특별법"에 따라 한국에서 가장 개방된 공간이 되었습니다. 이 법의 제2조에 따르면 국제자유도시는 "사람·상품·자본의 국제적 이동과 기업 활동의 편의가 최대한 보장되도록 규제의 완화 및 국제적 기준이 적용되는 지역적 단위"를 가리킵니다. 그래서 제주도는 외국인 투자자가 내국인 투자자와 동등하게 조세를 감면받고, 입국허가를 받지 않고도 외국인이 출입할 수 있는 무사증제도를 운영합니다. 그리고 외국인이 부동산에 5억 원 이상 투자하면 거주자격을 받고 5년 이상 투자하면 영주권도 얻습니다. 그러면서 많은 중국인이 제주도의 부동산을 구입했고, 외국계 기업이 운영하는 휴양지나 시설도 늘어났습니다. 제주도의 전체 인구 중 외국인주민의 비율은 5%가 넘어서 전국에서 가장 높습니다.

투자자는 환영하고 노동자와 난민은 거부하는

제주도의 외국인들은 어떤 대우를 받고 있을까요? 제주도의 특별한 이주민정책이 있을까요? 아직까지 한국에서는 지방자치단체가 독자적으로 정책을 세운 사례가 많지 않습니다. 그래도 제주도에서는 2007년 5월에 "거주외국인 등의 차별방지와 지역사회 적응 및 생활편익 향상을 도모하고 자립생활에 필요한 행정적 지원방안을 마련함으로써 지역사회의 일원으로 정착할 수 있도록 하는 것을 목적"으로 삼는 "제주특별자치도 거주외국인 등 지원

조례"가 제정되었습니다. 그리고 2019년 11월부터는 "외국인주민의 인권보장 및 차별방지와 지역사회 적응 및 생활편익 향상을 도모하고 자립생활에 필요한 행정적·재정적 지원방안을 마련함으로써 이들이 지역사회의 일원으로 조화롭게 공존할 수 있도록 하는 것을 목적"으로 하는 "제주특별자치도 외국인주민 지원 조례"가 시행되고 있습니다. 이 조례에 따르면, 외국인주민은 내국인과 동일하게 제주도의 공공시설을 이용하고 행정 혜택을 받을 수 있으며 행정에 참여할 권리도 가집니다. 그러나 이 권리는 제주도에 합법적으로 체류하는 사람들에게만 적용됩니다. 앞서 말한 거주민의 권리 개념은 아직 수용되지 않은 거죠.

제주도의 특산물인 감귤은 수확 철인 11-12월에 많은 일손을 필요로 합니다. 농산물 재배 시기에만 2-3개월 정도 일하는 사람들을 '계절노동자'라고 부르는데, 제주도는 그런 인력이 특히 많이 필요하죠. 제주도의 무사증제도를 이용해 한 달씩 일하는 외국인도 있는데, 이것은 불법노동입니다. 고용허가제에 따라 1년 이상 일해야 합법고용이거든요. 그러다 보니 불법체류자가 늘어나고, 불법체류자가 늘어나는 만큼 강제로 출국당하는 외국인도 늘어나고 있습니다. 무사증으로 입국한 사람 중 출국하지 않은 비중이 2014년 0.3%에서 2018년 2.6%로 늘어났다고 합니다.

그래도 지금은 현실을 반영해 농업법인과 농가의 경우 제주지역에 사는 결혼이민자의 가족이나 친지 중 만 30-55세의 외국인에게는 계절노동을 허용합니다. 농번기 일손도 돕고 가족들이 만날 기회도 제공한다는 취지인데, 언뜻 좋은 취지 같지만 사용자의 필요만 부각된 면이 있지요. 한국의 노동력이 부족할 때만 외국인 노동자의 입국을 쉽게 하겠다는 취지니까요. 그래서 투자를 할 수 있는 부유한 외국인은 우대를 받지만 필요한 일손을 돕는 외국인 노동자에게는 냉정하다는 평가를 받기도 합니다.

한국 사회의 모순이 더 드러난 건 2018년 4월 예멘 시민 500여 명이 전쟁을 피하려고 무사증제도를 통해 제주도에 들어와 난민 신청을 한 사건입니다. 이 당시 한국 정부는 무사증 입국 불허 국가에 예멘을 추가하고 난민들이 제주도 밖으로 나가지 못하도록 막았습니다. 그래서 예멘 시민들은 노숙자 신세가 되었고 시민들의 도움을 받아 겨우 생활할 수 있었습니다.

한국 정부는 1992년에 세계난민협약에 가입했지만 실제로 난민 지위를 인정한 사람의 수는 적습니다. 유엔난민기구의 통계에 따르면 한국의 난민보호율은 100위권 밖입니다. 2020년 12월 유엔난민기구가 발표한 〈한국인의 난민 인식 보고서〉에 따르면 난민 수용에 긍정적인 의견도 33% 정도입니다. 이전과 비교해 수치가 올라가고 있지만, 여전히 낮습니다. 사실 더 문제인 것은 미국이나 유럽 사람들은 쉽게 수용하면서 동남아시아나 아프리카 사람들은 깔보는 소위 'GDP인종주의', 즉 투자자는 환영하고 난민은 거부하는 물질주의에 빠진 우리의 모습입니다.

2018년 제주도에 입국한 예멘 시민들이 난민 신청을 하자 난민 수용을 반대하는 집회(아래 사진)와 그러한 난민 반대를 반대하는 집회(위 사진)가 곳곳에서 열렸다.

지속가능한 세상을 위한 시민권 이야기

조금씩 진전되고 있지만 아직 미진한

1990년 12월 18일에 유엔총회가 채택한 "모든 이주노동자와 그 가족의 권리보호에 관한 국제협약"은 모든 이주노동자와 가족을 어떤 이유로도 차별하면 안 된다고 규정합니다. 이주노동자도 내국인과 같은 사회보장서비스를 받고 공정한 재판을 받아야 한다는 것이죠. 특히 이 협약은 미등록 이주민에게도 권리를 보장해야 한다고 주장합니다.

- 이주노동자의 자녀는 성명, 출생등록 및 국적에 대한 권리를 가진다(제29조).
- 이주노동자의 자녀는 해당국의 국민과의 평등한 대우를 기초로 하여 교육을 받을 기본권을 가진다. 어느 부모의 체류 또는 취업이 비정규적이라거나 취업국에서의 자녀의 체류가 비정규적임을 이유로 공립의 취학전 교육기관이나 학교의 입학이 거부되거나 제한되어서는 안 된다(제30조).

한국은 지금까지도 이 협약에 가입하지 않았습니다.

그래도 2020년 3월 국가인권위원회가 법무부장관에게 장기 체류 미등록 이주아동에 대한 강제퇴거를 중단하고 이들이 국내에 지속적인 체류를 원할 경우 체류자격을 신청할 수 있는 제도를 마련하라고 권고했습니다. 법무부는 이를 바로 수용하지 않다가 2022년 1월에야 '국내 장기체류 이주아동 교육권 보장을 위한 체류자격 부여 방안'을 3년 동안 한시적으로 시행하겠다고 밝혔습니다. 이 방안에 따라 외국인등록번호 없이 초·중·고등학교에 다니던 이주아동 3천 명 정도가 구제되었습니다. 한국에서도 이주민의 권리에 대한 논의가 조금씩 진전되고 있는 셈이지만 아직 큰 변화는 없는 실상입니다.

함께 생각해요!

한국이 난민에게 우호적이지 않은 이유는 무엇일까요? 한국도 일제 식민지나 전쟁으로 이산을 경험한 나라라 외국인에게 우호적일 것 같은데 그렇지 않습니다. 왜일까요?

지속가능한 세상을 위한 시민권 이야기

3
이주민의 참정권과 시민권

이주민에게 허용되지 않는 권리 중 대표적인 것이 참정권입니다. 한국에 사는 외국인의 투표권을 허용해야 할까요, 허용하지 않아야 할까요? 외국인의 투표권은 허용되지 않다가 2005년 공직선거법이 개정되면서 2006년 지방선거부터 영주권을 획득한 지 3년이 지나고 지방정부의 외국인등록대장에 이름을 올린 만 18세 이상의 외국인은 지방선거에서 투표권을 가지게 되었습니다. 그러나 여전히 피선거권이나 국회의원과 대통령 선거의 투표권은 주어지지 않았고, 선거운동이나 정당 가입도 할 수 없습니다.

그런데 왜 지방선거 투표권만 가지게 되었을까요? 일단 법적인 문제가 있습니다. 대통령과 국회의원 선거권은 헌법에서 국민의 권리로 규정하고 있지만 지방단체장의 선임 방법은 법률로 위임되어 있기 때문에 헌법 개정 없이 외국인에게 투표권을 줄 수 있었습니다. 이주민도 지역공동체에 살고 있으니 그와 관련된 정책에 결정권을 행사할 수 있어야 한다는 주장도 있었고요. 정치적으로는 일본에 사는 한인들의 참정권을 요구하면서 한국도 스스로 그런 준비를 하게 된 측면도 있습니다.

국내 거주 외국인의 참정권

외국인 유권자 수는 제4회 지방선거가 치러진 2006년 6726명에서 2018년 지방선거 때는 10만 6205명으로 늘어났습니다. 하지만 외국인의 투표율은 그다지 높지 않습니다. 2010년 총투표율이 54.5%일 때 외국인 투표율은 35.2%였고, 2018년 총투표율이 60.2%일 때도 외국인 투표율은 13.5%에 불과했습니다. 외국인이 투표에 열심히 참여하지 않는 건 정보를 제대로 얻지 못했거나 투표 참여를 통한 효능감을 잘 느끼지 못해서일 수 있습니다. 그냥 투표권만 준다고 참정권을 보장했다고 보기는 어려운 거죠. 정치적 선택과 관련된 정보가 외국인의 언어와 눈높이에서 제공되어야 그들도 권리를 제대로 행사할 수 있을 테니까요.

그리고 여전히 남은 과제가 있습니다. 꼭 영주권을 가진 사람들만 투표를 해야 할까요? 앞서 살핀 데니즌의 관점에서 보면 일시적으로 거주하는 사람들도 중요한 정책 결정에 의해 영향을 받게 되고, 그렇다면 관련된 의사를 표현할 권리가 있어야 합니다. 그래서 영주권이 없어도 90일 이상 체류하는 외국인 주민에게는 참정권을 인정해야 한다는 주장도 있습니다. 90일이라는 기간을 설정하는 이유는 실질적으로 거주한다고 볼 수 있는 기준을 잡기 위한 것입니다. 통계청의 기준도 90일 이상 체류하는 외국인을 외국인주민이라고 규정하고 있거든요(통계청은 결혼이민자와 유학생, 외국인주민 자녀 등을 포함해 외국인주민을 규정함).

일본의 경우 3개월 이상 해당 시정촌(일본 지방자치제도의 기초자치단체인 시, 정, 촌을 묶어 이르는 말)에 주소를 가진 사람에게 선거권을 주는 지역이 일부 있습니다. 스웨덴, 핀란드, 네덜란드 등에서도 지방선거에서 외국인의 참정권을 허용합니다. 그러나 거주 외국인에게 참정권을 허용하는 문제는 아직 많은 나라에서 잘 해결되지 않은 상태입니다. 외국인이 국내 정치에 영향을 미칠 수 있다는 우려 때문이지요. 외국인이라고 묶어서 부르지만 실제로는 각기 다른 국적을 가진 사람들이라는 점을 고려하면 이런 우려는 기우에 가까워 보입니다.

재외동포의 참정권

이와 관련해 생각해야 할 또 다른 문제가 있습니다. 해외에 나가 있는 한국인들은 참정권을 가져야 할까요? 1999년 9월에 제정된 "재외동포의 출입국과 법적 지위에 관한 법률"은 재외국민(대한민국의 국민으로서 외국의 영주권을 취득한 자 또는 영주할 목적으로 외국에 거주하고 있는 자)과 외국국적동포(대한민국의 국적을 보유하였던 자 또는 그 직계비속으로서 외국 국적을 취득한 자 중 대통령령이 정하는 자)에게 재외동포체류자격을 부여합니다. 하지만 그동안 실제로 참정권을 누릴 수 없었고, 2009년 2월 공직선거법이 개정되면서 주민등록을 한 재외국민의 경우 투표권을 행사하게 되었습니다. 그러면서 2012년 총선부터 약 300만 명의 재외국민이 투표권을 갖게 되었는데, 실제로는 약 12만 명이 등록하고 45.7%의 투표율을 기록했습니다. 2016년 총선은 약 15만 명 중 41.4%, 2020년 총선은 약 8만 명 중 48.2%의 투표율을 기록했습니다. 등록률과 투표율이 그리 높지 않습니다.

이에 반해 대통령선거는 등록과 투표율이 조금 더 높은 편입니다. 2012년 대선 때는 약 22만 명이 등록해 71.1%의 투표율을 기록했고, 2017년 대선은 약 29만 명이 등록하고 75.3% 투표율, 2022년 대선은 약 22만 명이 등록하고 71.6% 투표율을 기록했습니다. 대통령선거의 투표율이 높은 건 후보에 대한 정보를 비교적

제20대 대통령선거를 위해 마련된 주일본 한국대사관 재외투표소에서 한 유권자가 투표함에 투표지가 든 봉투를 넣고 있다.

알기 쉽고 대통령선거에 대한 관심도가 높기 때문이라고 생각됩니다. 투표 의지보다는 정보와 관심이 투표율에 더 큰 영향을 미친다고 볼 수 있지요.

그런데 나라 안의 외국인에게 보장하지 않는 투표권을 왜 나라 밖의 한국인에게는 줘야 할까요? 물론 외국도 나라 밖 국민에게 투표권을 허용하는 추세입니다. 미국은 1955년, 영국은 1985년에 재외국민에게 투표권을 허용하는 등 많은 국가가 재외국민에게 투표권을 허용하고 있습니다. 다만 일정한 자격요건을 둡니다. 영국은 영국 내에서 투표권자로 등록한 사실이 있고 영국을 떠난 지 15년을 넘지 않아야 합니다. 독일도 외국으로 간 지 25년이 넘지 않은 사람에게만 투표권을 줍니다. 이런 조건들은 정치적인 영향을 우려하기 때문인데요. 하지만 한국 국적을 가진 사람이라도 외국에서 더 오랜 시간을 보냈다면 자신이 살고 있는 나라의 이해관계를 더 많이 고려할 수 있습니다.

이렇게 보면 참정권의 문제는 복잡해집니다. 국내에 있는 외국인에게 어느 정도로 참정권을 허용할지, 단지 투표권만이 아니라 후보로 나설 권리까지 인정해야 할지, 외국에 있는 한국 국적의 시민들에게는 어느 정도로 참정권을 허용해야 할지 등등 국경을 넘나드는 흐름이 자유롭고 빨라질수록 이런 고민은 깊어질 수밖에 없습니다.

함께 생각해요!

외국인에게 참정권을 허용하는 것이 좋을까요, 아닐까요? 허용한다면 어떤 조건을 붙이는 것이 좋을까요?

4
비인간 생명과 참정권

2003년 10월, '도롱뇽과 그의 친구들'이라는 단체가 천성산의 내원사, 미타암과 함께 경부고속전철 공사를 중단해 달라는 소송을 법원에 제기했습니다. 13.3km의 터널 공사가 천성산 일대 동식물의 생태계를 위협하니 공사를 중단하고 환경조사를 다시 하자는 소송이었습니다. 일단 법원은 "도롱뇽은 현행법의 해석상 당사자 능력을 인정할 근거가 없다"며 도롱뇽을 배제했습니다.

당시 지율스님이 도롱뇽을 대신해 소송을 제기했는데, 대신할 수 있는 법적 당사자가 아니라는 판결을 내린 것이죠. 그리고 공사를 금지해 달라는 부분에 대해서도 현행법상 어렵다며 소송을 기각했습니다. 지율스님의 오랜 단식농성에도 2006년 6월 대법원은 최종적으로 패소판결을 확정했고요.

생태와 개발의 정면충돌

소송의 주체였던 도롱뇽은 멸종위기종으로 지정되었다가 제외된 꼬리치레도롱뇽이었습니다. 시민들은 천성산에 터널이 뚫릴 경우 지하수가 영향을 받아 서식지인 늪이 사라질 수 있다고 걱정했습니다. 비록 법정에서는 졌지만 '도롱뇽도 소송의 주체가 될 수 있는가'라는 질문이 한국에 최초로 던져졌습니다. 당시에는 도롱뇽 서식지를 지킨다는 이유로 공사가 지연되면서 많은 손실액이 발생했다는 것도 논란의 주제였습니다. '도롱뇽의 권리를 지키기 위해 인간의 권리가 유보될 수 있는가'라는 논쟁이 벌어졌죠. 한국에서 생태와 개발이 정면으로 충돌했던 사건입니다.

2018년에는 설악산 케이블카 설치를 반대하며 멸종위기 1급 야생동물인 산양 스물여덟 마리가 원고가 되어 문화재청을 상대로 소송을 제기했습니다. 그러나 법원은 이번에도 산양의 당사자성이 인정되지 않는다며 소송을 기각했는데요. 법원 판결이 내려지기 전인 2018년 11월에 모의법정이 열렸습니다. 자신이 법적 당사자가 될 수 없음을 알아차려서인지 모의법정에 등장한 산양(정확히는 산양의 탈을 쓴 사람)은 "설악산 오색에 케이블카가 생기면 가장 많은 피해를 보는 것은 사람이 아니라 산양이다. 인간이 말하는 멸종위기는 (산양인) 우리에게는 생존권이 달린 문제이다. 인간들은 우리 산양을 보호하겠다며 온갖 보호법률(멸종위기야생동물

1급, 천연기념물 등)을 만들어 놓았는데, 이러한 법률들이 산양이 소송을 진행할 권리와 능력을 말해 주지 않는가?'라고 주장했습니다.

왜 보호에 관한 법률이 있음에도 동물의 생존권을 권리로 인정하지 않느냐는 구체적 질문이 던져졌습니다. 당시 이 모의법정에 참여한 9인의 시민배심원단은 산양이 원고로 소송을 할 수 있고 케이블카 공사를 하면 안 된다는 결론을 내렸습니다. 그러나 현실은 그 반대로 이번에도 소송은 기각되었습니다. 이 외에도 낙동강 재두루미, 검은머리물떼새 소송 등이 있었지만 모두 소송당사자로 인정받지 못했습니다.

서울 광화문광장에서 열린 '지리산·설악산 국립공원 케이블카 추진 공동규탄 기자회견'에서 시민단체 회원들이 지리산과 설악산을 상징하는 반달가슴곰과 산양을 포박하는 퍼포먼스를 하고 있다.

사람과 동물의 조화로운 공존

한국의 상황이 이렇게 비인간 생명체의 권리를 부정한다면 남미의 에콰도르는 헌법에 자연의 권리를 명시했습니다. 에콰도르 헌법 제71조는 "생명이 다시 태어나고 발생하는 자연, 즉 파차마마 Pachamama(대지의 여신)는 그 존재를 존중받을 권리와 생명의 순환과 구조, 기능, 진화 과정을 유지하고 재생산할 완전한 권리를 가진다"라고 규정했습니다. 에콰도르의 시민들은 오랜 토론을 거쳐 대지와 자연을 새로운 헌법의 주체로 받아들였고, 자연은 권리를 보장받았습니다. 한국과는 사뭇 다른 분위기죠.

이런 사회 분위기를 반영해서인지 한국에서도 2018년 3월 "동물보호법"이 개정되면서 "사람과 동물의 조화로운 공존"을 추구한다는 목적이 법에 추가되었습니다. 그렇지만 여전히 한국에서 동물은 권리의 주체가 아닌 객체이고, 동물의 법적 권리를 보장하는 것은 논의 중입니다. '동물은 물건이 아니다'라고 규정하는 민법 제98조 2항을 신설하자는 논의부터 헌법에 동물권을 규정하고 동물복지법을 제정하자는 논의까지 다양하게 진행되고 있습니다.

그리고 인간이 아니라 지구를 중심으로 법체계를 만들어야 한다는 '지구법학'도 논의되고 있습니다. 토마스 베리Thomas Berry에 따르면, 지구는 다양한 생명체가 공동으로 거주하는 곳이고 따라서 권리도 지구의 모든 구성원에게 주어져야 합니다. 베리는 산업

문명과 인간과 지구 공동체가 지속가능한 관계를 실현하는 새로운 지질학 시대인 생태대 the Ecozoic로 진입해야 한다고 합니다. 그러려면 인간중심주의에서 벗어나 인간과 자연이 공존하면서 함께 진화하는 생명중심주의로 사회가 전환해야 하고요.

지구법학과는 또 다른 차원에서 생태시민권 ecological citizenship에 대한 논의도 있습니다. 기존의 권리 담론이 자연을 주어진 것, 인간이 마음대로 써도 되는 객체로 취급한다면, 생태시민권은 자연을 자원이 아니라 인간과 비인간 생명이 상호작용하는 세계로 봅니다. 그렇게 상호작용하기 때문에 호혜성과 배려, 책임이 중요하고, 지금 살고 있는 종만이 아니라 미래의 생명종에게로 권리가 확장되어야 한다고 봅니다. 생태시민권은 국경만이 아니라 생물종간의 경계도 넘어선다는 점에서 매우 급진적이지만, 그런 점에서 실효성을 가질 수 있는가라는 현실적 질문도 받고 있습니다.

그렇지만 기후위기와 같은 지구적 위기 상황에 놓인 우리로서는 앞으로 어떤 세계를 상상하고 만들어 갈 것인가라는 중요한 질문에 답을 해야 합니다. 시민권은 고정된 권리목록이 아니라 끊임없이 현실을 반영하며 보완되어야 하는 개념이니까요.

함께 생각해요!

사람이 대신 소송을 제기하긴 했지만 동물이 소송의 주체로 나서는 일은 앞으로 더욱 늘어날 전망입니다. 동물의 권리는 어떻게 보장되어야 할까요?

2부

시민권의 적용

4장

시민권 요구하기

1
유명무실한 한국의 시민권

한국은 일제 식민지를 경험했고 해방 이후에는 <u>미군정</u>, 한국 전쟁, 군사독재라는 최악의 현대사를 거친 나라입니다. 그러다 보니 시민들은 정부의 눈치를 보고 일방적 통치를 받아들이는 데 익숙하고 자기 권리를 공개적으로 요구해 본 경험은 거의 없습니다. 한국에서 시민권은 존재하지만 현실에서 편히 쓸 수 있는 개념이

미군정(美軍政)

1945년 8월 15일 일본이 항복함에 따라 같은 해 9월 8일 북위 38도 이남의 남한에 진주한 미국군인이 설치한 군정청 또는 그 군정청이 실시한 군사 통치. 남한의 모든 행정을 담당했으며 1948년 8월 15일 대한민국이 수립될 때까지 존속했다.

아니었습니다.

그렇다고 한국의 시민들이 수동적으로 권력에 복종해 왔다는 말은 아닙니다. 오히려 그 반대죠. 독재정권이 스스로 물러난 적은 한 번도 없으니까요. 이승만 정권은 1960년 4월의 항쟁들로 무너졌고, 박정희 정권은 1970년대의 끊임없는 민주화 운동으로 자멸했으며, 전두환 정권은 1987년 6월항쟁으로 물러났습니다. 그 뒤에도 시민사회운동의 민주화 노력은 중단되지 않았고요. 시민들의 움직임도 2002년 12월 신효순·심미선 추모 촛불시위, 2008년 광우병 위험 쇠고기 수입 반대 촛불집회, 2016년 박근혜 탄핵 촛불집회 등으로 꾸준히 이어졌습니다. 외국의 시민들은 한국처럼 역동적인 나라가 없다며 부러워하고, 이를 시민혁명이라 부르기도 합니다.

경제 규모에 비해 낮은 행복지수

한국 사회가 역동적인 건 사실이지만, 그 역동성이 정치나 경제의 구조적 변화로 이어지지 않았다는 건 심각한 문제입니다. 독재정권을 무너뜨리는 데 시민들이 앞장선 것은 사실인데, 그 이후 과정은 기존의 정치 세력이 권력을 나눠 먹는 형태였습니다. 두개의 주요한 정당이 권력을 분점하는 양당제는 정당의 이름만 계속 바뀐 채 이승만 정부 이후 지금까지 거의 변화 없이 유지되고 있습니다. 무슨 비리가 터지거나 문제가 생기면 곪은 부위를 잘라내는 게 아니라 정당의 이름만 바꾸었습니다.

그러다 보니 정치개혁은 너무 어려운 과제가 되었습니다. 그나마 공직선거법이 개정되어 만 18세까지 투표권과 피선거권이 주어지긴 했지만 그렇다고 많은 돈과 조직이 필요한 선거에 청소년들이 후보로 직접 출마하긴 어렵습니다. 그리고 시민참여제도가 늘어났다고 하지만 각종 위원회의 수가 늘어났을 뿐 참여하는 사람들은 여전히 제한되어 있습니다. 단적으로 지방정부나 중앙정부의 위원회에서 청소년이나 장애인의 모습을 찾아보기란 지금도 매우 어렵습니다. 청소년과 장애인의 참정권은 존재하지만 실효성이 없는 권리입니다. 아무것도 바뀌지 않았다고 말하기는 어렵지만 그렇다고 무언가가 근본적으로 바뀌었다고 보기도 어렵습니다.

먹고 사는 문제가 정치보다 훨씬 더 중요하다고 하지만 정치가 나빠지면 경제 상황은 더욱더 나빠집니다. 한국의 국내총생산 GDP이나 1인당 국민소득은 계속 높아졌지만 대다수 시민은 여전히 불안한 마음으로 일하고 출퇴근을 합니다. 2022년 3월 유엔 산하의 '지속가능발전해법네트워크' SDSN, Sustainable Development Solutions Network가 발표한 〈2021 세계 행복보고서〉2021 World Happiness Report를 보면 한국의 행복지수는 146개국 중 59위입니다. 한국의 경제 규모는 이제 세계 10위권에 들어가는데, 행복지수는 왜 이렇게 낮을까요? 순위를 살펴보면 1위가 핀란드, 14위가 독일, 16위가 미국, 일본은 54위입니다. 한국과 일본의 행복지수가 낮은 이유는 무엇일까요?

2021년 12월에 발표된 세계불평등연구소World Inequality Lab의 보고서에서 그 실마리를 찾을 수 있습니다. 보고서는 세계 상위 10%가 전 세계 소득의 52%를, 전체 부의 76%를 소유하고 있다고 밝히며 심각한 부의 양극화 현상을 지적합니다. 이 보고서에는 한국도 나오는데요, 한국의 상위 10%는 전체 자산의 58.5%를 차지했습니다. 상위 10%의 자산 규모는 약 14억 원, 하위 50%의 자산 규모는 약 2700만 원으로, 상위 10%의 자산이 하위 50%보다 51.8배 정도 많습니다. 더 심각한 문제는 상위 10%의 자산 비중은 계속 상승하고 하위 50%의 자산 비중은 계속 떨어진다는 데 있습니다. 부의 불평등이 심각한 사회에서는 약자의 권리가 보장되기 어렵습니다.

그리고 한국 경제의 심각한 문제인 원청과 1·2·3차 하청으로 이어지는 하도급 구조는 비용 절감과 인력 감축을 더욱 심하게 압박하고 이는 대형 사고로 이어지고 있습니다. 한국의 산업재해 사망자 수는 일하다 사고로 죽는 사람만 2021년 기준 828명입니다. 아파서 세상을 떠난 사람까지 합치면 2021년에만 산재 사망자 수가 2080명입니다. 사고로 죽는 사람이 하루에 두 명이 넘고, 질병

까지 합하면 하루에 다섯 명 넘는 사람이 산업재해로 목숨을 잃는 셈입니다. 일하다 다치거나 아파서 죽는 일이 허다한 사회는 뭔가 문제가 있는 것 아닐까요? 그 나라의 시민들은 불행할 수밖에 없습니다.

적극적으로 시민권을 요구해야 하는 이유

정치적으로 민주화가 이루어졌고 경제 성장도 이룬 나라인 한국에서 왜 이런 문제들이 사라지지 않을까요? 그것은 권력이나 돈을 쥔 기득권층이 너무 강력하게 결속되어 있고, 남은 자원을 놓고 서로 치열하게 경쟁하다 보니 민주주의와 분배가 자리를 잡을 시간과 조건을 마련하지 못했기 때문입니다. '그러니 다 망했어'는 아니고, 어떤 점에서는 '바로 그렇기 때문에' 우리가 더욱더 시민권을 적극적으로 요구해야 합니다. 앞서 살펴보았듯 시민권은 단순히 투표권이나 직업을 얻을 권리만이 아니라 정치에 참여할 권리, 안전하고 건강하게 일할 권리도 뜻하니까요.

청소년들도 마찬가지입니다. 말하고 결정할 권리를 얻지 못한 사람들이 열심히 권리를 요구해야 합니다. 사실 독재정권에 맞섰던 여러 항쟁과 촛불집회에서 청소년들은 중요한 정치 주체였습니다. 특히 2002년과 2008년의 촛불집회는 청소년들이 불을 지

선거연령제한 헌법소원 기자회견을 열고 선거권 연령 하향을 촉구하고 있다.

폈다고 해도 지나치지 않고요. 문제는 그런 역할을 맡았지만 정작 현장에서도, 이후의 정치과정에서도 청소년의 자리는 마련되지 않았다는 점입니다. 집회장에서 당차게 발언을 하면 시민들이 박수를 치고 환호했지만 정작 청소년의 권리를 보장하면서 직접 정치에 참여하게 해야 한다는 이야기는 없었습니다. 이 사실은 한국 사회가 청소년의 정치화를 끊임없이 거부해 왔음을 증명합니다. 그러면 학생들이 정치적 논쟁에 휘말린다는 주장입니다. 그런데 그게 왜 문제일까요? 미리 그런 논쟁을 경험해야 어른이 되어서도 정치적 판단을 현명하게 내릴 수 있지 않을까요?

지속가능한 세상을 위한 시민권 이야기

한국 사회는 기준이 명확하지 않으면 무조건 연장자를 따르는 경향이 있습니다. 지금도 공직선거법 제190조 '지역구 지방의원 당선인의 결정·공고·통지'를 보면 "최다득표자가 2인 이상일 때에는 연장자순에 의하여 당선인을 결정한다"라고 되어 있습니다. 왜 시민들에게 다시 물어 보지 않고 연장자순으로 결정할까요? 이미 나이 든 정치인은 많으니 청년에게 양보해야 하지 않을까요?

청소년이나 청년들이 정치를 잘 모르고 정보가 없어서 그렇다고 하는데, 그렇지 않습니다. 인터넷과 모바일 검색을 이용하는 청소년들이 기성세대보다 훨씬 더 많은 정보를 접할 수 있습니다. 아직 자기 주관이 부족하고 외부 영향을 많이 받아서라고요? 글쎄, 그런 영향은 나이와 상관없는 것 아닌가요?

지금처럼 미래를 생각할 수 없는 시대에는 현재를 충실하게 살 수 있는 권리를 보장해야 합니다. 그런 보장의 가장 기본이 정치적 권리고요. 정치적 권리가 보장되면 다른 권리들을 구상하고 실행할 수 있으니까요.

청소년들에게 정치적 권리가 없으니 중앙·지방정부의 예산에서 청소년 예산은 1%도 되지 않습니다. 동네마다 경로당의 수는 수백 개가 넘지만 청소년 공간의 수는 열 손가락 안입니다. 인구 비율로 따지면 청소년 외에도 많은 사람이 정치적 목소리를 내지 못해 제대로 대우를 받지 못하고 있습니다. 단지 그들을 배려하라는 것이 아니라 그들의 권리를 인정하라는 겁니다. 시민에게 권리를 보장하지 않고 '미래' 시민으로 밀어 놓으면, 그 시민들은 미래에 어떻게 문제를 인식하고 대안을 함께 만들어 갈 수 있을까요?

그러니 이제 우리는 열심히 시민권을 요구해야 합니다. 시민권은 권리를 정의하고 적극적으로 요구할 때 비로소 실현될 수 있습니다. 그렇다면 어떤 식으로 권리를 요구하면 좋을까요?

함께 생각해요!

사회 양극화가 심해지면 어떤 권리가 가장 크게 영향을 받을까요? (예: 노동권, 참정권, 자유권 등)

2
권리 주장보다
시민의식과 교육이 먼저?

권리를 이야기하면 많이 듣게 되는 말이 시민의식이 있어야 한다는 이야기입니다. 올바른 시민으로서 시민의식이 있는 사람들이 권리를 누려야 하고, 시민의식이 없는 사람들은 자기밖에 몰라서 권리를 마음대로 사용하며 질서를 해친다는 이야기인데요. 권리를 누리려면 먼저 '모범 시민'이 되어야 하고, 질서를 잘 지키고 공익을 존중하는 걸 먼저 배워야 한다고 말합니다. 물론 그런 삶을 사는 것이 중요하지만, 마치 특정한 의식을 가지고 있어야 권리를 행사할 수 있다는 인식을 심어 주어서는 안 됩니다.

예절이나 질서를 잘 지키는 사람은 무조건 민주 시민일까요? 정부가 정한 법률을 충실히 따르고 지시에 잘 복종하는 사람이 민주 시민일까요? 그렇다면 국기에 경례하지 않고 애국가를 부르지 않는 시민은 불량 시민일까요? 법보다 정의를 따르겠다고 하는 시민은 불량 시민일까요? 투표장 말고 학교나 사무실, 공장에서 민주주의를 외치면 불온한 것일까요? 모범과 불량을 구분하는 기준은 무엇일까요?

참여를 통해 공동체 의식 기르기

시대의 변화와 무관하게 지속되는 가치의 척도는 거의 없습니다. 도둑질하지 말라, 살인하지 말라 정도가 그런 가치겠죠. 그러니 해방 직후 극단적으로 이념이 대립하던 시기를 산 사람과 지금처럼 다양한 관점이 보장되는 시기를 사는 사람의 의식이 같을 수 없습니다.

예를 들어, 식민지 시대를 살던 사람에게 강요된 시민의식은 법과 질서를 잘 지키는 것이었을 텐데, 그것이 정말 시민의식일까요? 그리고 일제의 식민 통치에서 해방되는 것이 중요한 정치 과제였을 때 지금처럼 각자 자기 하고 싶은 것만 했다면 나라를 되찾을 수 있었을까요? 식민지 시기의 모범 시민이 해방 이후 친일파로 불리고, 지금의 모범 시민이 식민지 시기에는 방관자라 불릴 수 있습니다. 그러니 어떤 특정한 의식을 시민의식이라고 규정하긴 어렵습니다. 그 사람이 살던 시대와 사회적 조건을 따져 봐야 합니다.

특히 시민의식에 관한 이야기는 착각을 만듭니다. 그것은 민주주의를 어떤 완성된 과정이나 단계로 생각하게 만들거든요. 시민들의 의식 수준이 점점 높아지면 그만큼 민주주의도 점점 완성 단계에 이른다는 식이지요. 그런데 정답이 없고 결론을 미리 정하지 않는 것이 민주주의의 가장 기본 전제 아닐까요? 물론 어떤 과정이나 단계가 그렇게 지혜를 모으기에 좋은 조건을 마련할 수는 있겠지만 그 자체가 민주주의일 수는 없습니다.

시민의식을 기준으로 보면 민주주의를 자꾸 '모범 사례'나 '학습모델'로 생각하기 쉽습니다. 하지만 어느 한 나라나 지역의 성공이, 다양한 경험과 문화와 생각이 하나의 모델로 정리되어 다른 나라나 지역에 이식되는 건 불가능합니다. 민주주의는 시민들이 시행착오를 거치면서 어떤 합의를 모아 가는 과정이니까요. 그런 점에서 '시민의식'을 강조하기보다 '참여를 통해 공동체 의식'을 기르는 것이 먼저 아닐까요? 다른 사람들과 함께 무언가를 성취한 그 기억은 쉽게 사라지지 않으니까요. 그리고 이런 기억이 존재하는 한 부당한 일에 분노하고 참여하는 시민들은 계속 등장하게 됩니다.

시민의식을 강조할 때 생기는 또 다른 편견은 시민권을 자꾸 교육과 연계시킨다는 점입니다. 물론 권리를 제대로 누리기 위해서는 그 권리의 취지와 내용을 공부하는 것이 필요합니다. 그렇지만 자기 목소리를 내 본 경험이 많지 않은 한국 사회에서 교육만 강조하는 것은 다소 위험하게 느껴지기도 합니다. 눈앞의 불의에

침묵하지 않고 항의할 때 우리는 인간으로서 존엄함을 지킬 수 있는데 일단 공부부터 하라는 것이니까요.

그래도 지금은 다양한 참여제도들이 만들어져 있습니다. 예전처럼 지방자치제도조차 시행되지 않았던 강력한 중앙집권형 국가에서는 시민들의 참여가 활성화되기 어렵습니다. 예전에도 지역사회에 동정자문위원회를 비롯한 각종 위원회가 존재했지만, 그것은 시민들의 참여보다는 힘 있는 사람들을 위한 민원 창구이거나 행정에 필요한 사업들에 주민을 동원하기 위해 만들어진 장치였습니다. 마치 학교에 학생회가 존재하지만 학생회의 구성이나 운영이 학생들의 뜻을 잘 따르지 않는 것처럼요.

그래서 참여를 보장하는 제도는 있었지만 참여를 통한 민주주의 경험은 축적되지 못했습니다. 시민참여에서 중요한 지역 특성이 반영될 수도 없었습니다. 참여는 문화나 교육과 긴밀하게 연관되어 있기 때문에 지역 특성이 중요할 수밖에 없는데, 중앙집권형 국가는 그런 반영을 어렵게 만듭니다. 그런 점에서 한국의 시민들은 민주주의를 머리로 이해했지 몸으로 체험하지 못했습니다.

시민권은 나만의 권리가 아니라 우리의 권리

지금 필요한 건 학습이 아니라 실습이라고 생각합니다. 때로는 시시해 보이는 일들도 문제를 제기하는 방식에 따라 중요해질 수 있으니까요. 예를 들어, 집 앞 도로의 높은 턱이나 보도블록을 교체하는 일을 그냥 흘려보낼 수도 있지만, 이웃과 대화를 나누고 구청이나 시청에 전화를 넣어 민원을 제기하다 보면 내게 없던 근성과 열정을 느낄 수 있습니다. 더 중요하게는 한번 부딪쳐 봐야 세상이 어떤지, 어느 정도의 힘을 쏟아야 하는지 감을 잡을 수 있고요. 또 이렇게 감을 잡을 수 있어야 내 권리를 주장하고 보장받는 것이 나와 우리 모두에게 이롭다는 확신을 가질 수 있으니까요.

잘못 나섰다 고립될 수도 있지만 주위를 잘 둘러보면 나를 지켜보는 시선들이 있습니다. 그런 시선들이 서로 마주치지 못하는 것, 그래서 어떤 말도 꺼내지 못하도록 하는 것, 기득권층이 가장 바라는 일입니다. 기득권층이 시민을 개, 돼지로 보는 건 우리가 민주주의를 외면해서입니다. 누가 나를 인간으로 대하거나 만들어 주기를 바라지 말고 나 스스로 정치화될 때 우리는 인간으로 살아갈 수 있습니다. 그런 점에서 시민권은 좋은 무기입니다.

다만 기억해야 할 것은 시민권은 나만의 권리가 아니라는 점입니다. 내게 권리가 있는 것만큼 타자에게도 권리가 있습니다. 시민권은 우리의 권리입니다. 그래서 반드시 나와 마주 보는 타자의 권리를 함께 고려하고, 시민권의 내용을 질문하고 토론하며 함께 채워 가는 과정이 중요합니다. 그렇게 해야 시민권을 요구할 수 있는 정치적 힘도 만들 수 있습니다. 필요하다면 그런 과정에서 일정한 모임을 만들거나 단체에 참여할 수도 있고요.

능동적 참여와 실습

결사체association는 개인이 혼자 지기 어려운 부담을 함께 지는 공동체입니다. 시민사회단체나 정당은 정치에 대한 부담을 기꺼이 지려는 결사체이고 함께 정치활동을 펼칠 벗들을 만날 수 있는 곳입니다. 우리가 종교단체나 동창회, 동호회에 가입하는 것처럼 시민단체 활동이나 정당 활동도 필요에 따른 자연스러운 활동입니다. 민주주의가 숨 쉬는 것만큼 자연스러운 활동이 되려면 시민사회단체나 정당에 가입하는 것도 자연스러운 일이어야 합니다. 그러니 이런 단체들을 찾아서 고민을 나눌 수도 있습니다. 권리를 꼭 홀로 보장받아야 한다는 법은 없습니다. 나와 비슷한 문제의식을 가진 사람들이 의외로 가까운 곳에 있을 수 있습니다.

사람들과 만나고 이야기 나누는 것이 쉽지 않다고요? 하지만 우리는 타자를 만나면서 자신의 요구를 더욱 분명하게 만들고 부족한 부분을 보충할 수 있습니다. 더 근본적으로는 그런 과정을 통해 내가 세상에 존재함을 깨달을 수 있고요. 사상가 한나 아렌트는 인간이 세계를 인식하고 다른 사람과 소통하기 위한 기본전제로 공통감각sensus communis을 꼽습니다. 인간은 자신이 보는 것을 타인이 보고 자신이 듣는 것을 타인도 듣는다는 단순한 사실로 인해 세계에서 살아 있는 존재가 됩니다. 즉 내가 보고 듣는 것을 타인이 함께하지 못한다면 나는 유령이나 미치광이가 되니까요. 공통감각은 우리가 같은 세계에 살고 있음을 자각하고, 되새기게 합니다. 그 감각을 통해 우리는 서로의 삶과 고통에 직면합니다.

고통이 개인화될수록 공통감각의 구성은 더욱 어려워지고 고통의 무게는 가중됩니다. 우리는 내가 보고 듣는 것을 타인도 보고 듣는다고 믿고 있을까요? 지금의 한국 사회를 묘사하는 대표 단어인 '혐오'는 공통감각의 상실을 뜻합니다. 그래서 지금 우리에게는 타자가 보고 듣는 것을 나도 감각하는지 확인하는 과정이 먼저 필요합니다. 너는 왜 이것을 보지 않느냐는 질책보다는 지금 무엇을 보고 있고 듣고 있느냐고 물으며 서로 마주하고 대화하는 과정이 필요합니다. 즉 같이 감각을 나누고 함께 세계를 구성할 규칙과 상식을 재구성할 새로운 권력이 필요합니다.

시민권은 이렇게 시민들이 만나고 권력을 구성하는 과정에서 새롭게 주목받고 정의되고 요구될 수 있습니다. 그 과정에 필요한 것은 특정한 의식이나 교육보다 능동적 참여와 실습입니다.

함께 생각해요!

나와 우리에게 필요한 권리를 요구하기 위해 만나야 할 단체나 정당이 있을까요? 있다면 어떤 단체, 어떤 정당일까요?

3

권리를 요구하는 다양한 방법

권리를 요구하다 보면 또 많이 듣는 이야기가 요구하는 건 좋은데 질서와 규칙을 지키라는 얘기입니다. "다 좋은데, 꼭 그런 식으로 해야 해?" 이런 말이죠. 권리를 요구하는 것보다 준법정신을 먼저 배워야 한다는 얘기도 있는데, 꼭 그래야 할까요?

우리가 지켜야 하는 법이 우리의 목소리를 막는다면, 우리는 우리의 권리를 요구하기 위해 법을 어느 정도까지 지켜야 할까요? 사실 '악법도 법이다'라고 하면서 시민이 정부의 법을 무조건 따르도록 강요하는 것을 법치로 해석하는 한국에서는 권리를 요구하는 행동을 하기가 쉽지 않습니다. 법을 어길 경우 처벌받을 수도 있으니까요. 보통 자유민주주의 사회에서 법치의 원칙은 사상과 양심의 자유 같은 인권을 존중하는 것인데, 한국 사회에서는

지속가능한 세상을 위한 시민권 이야기

정부가 시민보다 더 높고 중요한 존재처럼 여겨지기도 합니다.

정부가 공청회나 설명회 같은 것을 열어서 시민들이 원하는 바를 이야기하도록 하는 경우도 있지만, 그런 자리에서 제대로 의사표현을 할 수 있는 사람은 그리 많지 않습니다. 권리도 행사해 본 사람이 잘 쓴다고, 원래 말 많던 사람들이 마이크를 잡고 이야기하지 말을 잘 못했던 사람들은 입을 떼기가 쉽지 않습니다. 어렵사리 말을 꺼내더라도 옆에서 말리는 사람이 더 많기도 하고요. 모난 돌이 정 맞기 쉬우니 괜히 먼저 나서지 말라고, 괜히 나섰다가 혼자 책임을 져야 할 수 있으니 가만히 중간에 서 있으라고 합니다. 나와 우리의 권리를 요구하는 것인데, 옆에 있는 시민들이 돕기는커녕 말리니 도무지 엄두가 나지 않습니다.

법치, 시민의 정치적 자유를 실현하기 위한 수단

준법遵法(법률이나 규칙을 좇아 따름)과 법치法治(법률에 의해 나라를 다스림)가 무조건 법을 지키자는 말은 아닙니다. 자신의 권리를 존중받아야 법을 지킬 마음도 생길 텐데, 권리를 주장하고 존중하는 데 필요한 것이 용기입니다. 이 용기는 개인의 덕목이기도 하지만 사회가 그런 용기를 북돋워 줘야 합니다. 법치는 바로 이런 용기를 낼 때 필요하고요.

우리는 법치주의가 법을 잘 따르는 것이라고 알고 있지만 실제로는 그 반대입니다. 정치철학에서 법치주의는 법이 공평하고 정의롭게 적용되는 것을 뜻합니다. 이탈리아의 사상가 마우리치오 비롤리M. Viroli는 다른 사람의 뜻에 종속되지 않고 권력의 자의적 사용을 방지하는 장치가 바로 법치주의라고 주장합니다. 비롤리는 《공화주의》(인간사랑, 2006)에서 고전적 공화주의자들이 "공정한 법에 따라 개인적 선택에 제한을 두는 것은 자유에 대한 제한이 아니라 오히려 정치적 자유를 구성하는 핵심 요소"이고 "일반 시민들뿐만 아니라 통치자들의 행동에도 동일하게 가해지는 법적 제한은 개인들을 억압하려는 시도에 대한 유일한 방패막"이라고 믿었다는 점을 지적합니다. 즉 법치주의는 힘이 강하든 약하든 모두에게 똑같이 적용해서 정치적 자유를 보장하려는 사상이었습니다. 법치가 보장하는 용기는 "쟤들도 우리랑 똑같다, 한번 부딪쳐 보자"라고 말할 수 있는 장치라는 거죠.

또 그런 만큼 법을 함께 만들고 집행하는 것도 중요합니다. 비롤리에 따르면, 공화주의자들은 "스스로 법을 만드는 것ー직접 만들거나 대표를 통해서 만들거나 간에ー이 자유로운 삶, 즉 타인(한 명 또는 소수 또는 다수의 타인들)의 자의적 의지에 예속되지 않는 삶을 누리는 데 효과적인 수단(다른 수단들과 함께)"이라고 주장했습니다. 즉 법치는 시민의 정치적 자유를 제한하는 방법이 아니라 자유를 실현하기 위한 필수 수단이고, 따라서 법을 만들고 집행하는 과정에는 시민들의 참여가 반드시 직·간접적으로 보장되어야 한다는 것이었습니다.

이런 관점을 따르면 법치주의에서는 법의 내용만큼이나 법을 만들고 집행하고 해석하는 '과정'이 중요하고, 그 과정에는 시민의 참여가 반드시 보장되어야 합니다. 시민권을 정의하고 실행하는 과정도 마찬가지겠죠.

세상을 바꾼 좀스러운 저항

그런데도 참여가 허용되지 않으면 어떻게 해야 할까요? 텔레비전이나 영화에서 본 것처럼 시민들이 무장하고 정부에 저항해야 할까요? 제임스 스콧James Scott은 《우리는 모두 아나키스트다》(여름언덕, 2014)에서 "소리 소문 없이 익명으로, 종종 공모의 형태로 이루어지는 법규 위반과 불순종은 공개적으로 도전하고 저항했다간 너무나 큰 위험 부담을 감수해야 했던 농민과 하위계급 사람들이 전통적으로 선호해 왔던 정치적 행위 양식"이라고 말합니다. 경찰이나 군대와 같은 공권력과 맞서 싸우는 로빈 후드 같은 혁명가들은 역사나 영화에서나 볼 수 있는 사람들이고, 그러니 역사에 기록된 능력 있는 영웅이겠죠. 반면에 평범한 시민들이 참여했던 저항은 대부분 소규모로 암암리에 이루어졌다고 합니다.

사실 몇몇 영웅들의 노력만으로 세상이 바뀌기는 어렵습니다. 현대로 올수록 정부와 경찰, 군대의 힘이 더욱더 강력해지니 더 그렇지요. 스콧은 현대에도 영웅처럼 사는 사람들이 있지만 세상은 드러내놓고 저항하지 못했던 소심한 사람들이 조금씩 바꿔 왔다고 주장합니다.

무엇이 세상을 바꾼 좀스러운 저항일까요? 스콧은 다양한 사례를 듭니다. 빨리 움직이라는 요구에 맞서 천천히 움직이기foot dragging, 무슨 일이 생겼냐고 물으면 시치미 떼기dissimulation, 문제가 생기면 도망가기desertion, 시키면 따르겠다고 하고서 뒤로는 다른 짓 하기false compliance, 몰래 조금씩 훔치기pilfering, 뭐라고 떠들 건 모른 척 하기feigned ignorance, 뒤에서 비난하기slander, 몰래 불 지르기arson, 천천히 일하기, 작업 도구 망가뜨리기sabotage 등등 쫀쫀하게 싸우는 수많은 방법이 이미 인류 역사에 엄청나게 많다는 거죠. 그냥 눈감아 주기도 애매하지만 그렇다고 당장 끌고 가서 고문을 할 정도는 아닌 일들이 강력한 권력을 조금씩 허물어뜨립니다.

스콧은 이런 쪼잔한 저항이 누적되어 체제에 도전하는 것이 더 이상 위험해지지 않으면 혁명이 일어난다고 봅니다. 그래서 스콧은 "법률 위반과 질서 교란이 민주적 정치 변화에 기여했다는 역설"이 존재한다고 말합니다. 역설이지만 법을 좀 어겨야 법치주의가 제대로 실현되고 진정한 준법정신을 가질 수 있다는 것이지요. 단순히 개인의 이익을 위해 범죄를 저지르는 것이 아니라 사

2016년 10월 29일에 처음 열려 총 20차례에 걸쳐 진행된 박근혜 대통령 퇴진 촛불집회도 처음엔 불법이었다.

회의 공익과 시민의 권리를 확보하기 위해 소소한 저항을 시작할 필요가 있다는 것입니다. 혼자서는 두렵다면 여럿이 함께 말이죠.

이렇게 말하면 또 누군가는 정말 그렇게 해서 세상이 변하겠느냐고 물을 수 있습니다. 일본에 사는 사상가 더글러스 러미스 Douglas Lummis 는《급진 민주주의》Radical Democracy, 1996 에서 희망은 어떤 인과관계를 통해 발현되는 것이 아니라 그 자체가 원인이라고 말합니다. 현실적으로 가능한가를 따지는 것이 아니라 그것을 현실로 불러올 방법을 끊임없이 고민하는 것 자체가 희망이라는 거죠. 실제로 인류 역사는 그렇게 발전해 왔고요. 노예 없는 사회가 불가능했을 때는 어떤 제도나 엄청난 무기가 아니라 그것을 무너뜨리려 했던 사람들이 바로 희망이었으니까요.

예전과 많이 다른 현대사회에서 어떻게 법을 어기고 정부에 저항하는 것이 가능할까 궁금할 수 있습니다. 그런데 한국의 대표적인 시위인 촛불집회도 처음엔 불법이었고 경찰과 격렬하게 충돌하기도 했습니다. 야간에 집회를 여는 것도 마찬가지였죠. 촛불집회 참가자가 전국적으로 수백만 명에 이를 때도 있었으니 우리는 이미 조금씩 법을 어겨 온 셈입니다. 그런 충돌이 있었기에 우리 사회가 이만큼 온 것이고요.

시민권을 요구하고 실현하기 위해서는 조금 더 적극적으로 나서야 하고, 인생 최후의 결단보다는 일상 속에서 소소하게 시민권을 찾고 요구하는 과정이 중요합니다.

함께 생각해요!

한국에서 시민들이 적극적으로 자기 목소리를 내고 권리를 요구하는 것을 방해하는 법률이 있다면, 어떤 것이 있을까요? 그런 법률은 왜 제정되었을까요?

4
시민권을 실현하기 위한 정치

앞에서 살펴보았듯이 '시민'과 '시민사회' 개념은 한국에서 발명된 것이 아닙니다. '시민'은 서구사회가 신분사회에서 벗어나 근대로 접어들면서 만들어진 개념입니다. '시민사회'에 관해서는 국가로부터 자율적인 개인의 등장, 인간과 시민의 사회경제적 권리에 대한 자각, 가치나 이익을 공유하며 자발적으로 결성된 결사체, 다원적 여론과 공론장의 형성과 활용 등의 특징을 얘기합니다.

시민사회의 특징을 더 분명하게 설명하기 위해 '국가-시장-시민사회'라는 틀을 사용하기도 했습니다. 이 틀에 따르면, 권력을 매개로 지배/피지배 또는 상명하복上命下服 관계로 질서가 세워지는 국가나 화폐를 매개로 상품의 생산과 소비를 담당하는 시장과 달리, 시민사회도 의사소통과 연대의 원리에 따라 움직이는 영역입니다. 시민사회는 국가나 시장과 활발하게 소통하고 행동할 때 역동성을 유지할 수 있습니다.

시민으로 산다는 것

그렇다면 시민으로 산다는 것은 권력이나 화폐가 아닌 소통과 연대의 원리에 따라 산다는 것을 의미합니다. 그런데 우리가 정말 그렇게 살고 있을까요? 사실 지금 우리 일상에 많은 영향을 미치는 것은 소통과 연대보다 권력과 화폐라고 볼 수 있습니다. 법과 제도는 우리 행동을 구속하고, 돈은 우리의 생활 곳곳에 침투해 있습니다. 그런 점에서 우리의 일상 세계는 국가와 시장의 힘에 압도당해 있습니다. 그래서 우리는 시민보다는 국민이고 경제인으로 정의되기 쉽습니다.

애초에 시민이 등장한 것은 이타적 목적을 위해서가 아니라 스스로를 지키기 위해서였습니다. 자신의 자유와 생명과 안전, 재산을 지키려는 자발적 노력이 시민을 정치무대로 끌어들였습니다. 그리고 앞으로 닥쳐올 시대는 그런 노력을 더욱더 많이 필요로 할 것입니다. 생태계의 심각한 위기와 기후변화, 경제 위기와 에너지 위기 등 온갖 위기가 우리를 기다리고 있으니까요. 이런 위기에 짓눌리지 않으려면 나와 우리가 함께 움직일 방법을 찾아야 합니다. 우리가 지금 시민권에 관해 이야기하는 건 교양이 아니라 살아가기 위한 실존적 방법이기 때문입니다.

그렇다면 시민권을 누리는 민주적 시민으로 산다는 것은 어떤 것일까요? 앞서 보았듯이 가장 기본적인 것은 동료 시민에 대한 인정과 우리가 같은 세계에 살고 있다는 인식입니다. 너와 내가 각기 다른 정체성을 가지고 서로 다른 삶을 살지만 같은 세계에 발 딛고 있다는 공통 인식이 있어야 만남의 필요성도 생깁니다. 남/여, 장애인/비장애인, 정규직/비정규직 등 현실 세계의 다양한 정체성도 정치라는 무대에 오를 때는 가면을 쓰고 서로를 동등한 배우로 인정해야 합니다. 그래야 서로의 차이를 고려하면서도 모두를 위한 권리가 만들어질 수 있습니다.

대화에서 시작되는 정치적 힘

바로 그래서 우리는 대화에 열려 있어야 합니다. 물론 서로 질문을 던지고 답하며 세계를 파악하는 대화가 항상 순조로울 수는 없습니다. 묻고 답하는 중에도 끊임없이 편견과 선입견이 대화를 가로막습니다. 때로는 자리를 박차고 일어나야 할 때도 있고 때로는 참으며 서로에게 조금 더 집중해야 할 때도 있습니다. 정치는 서로 가면을 바꿔서 써 보며 상대의 처지에 서 보는 역지사지易地思之

의 과정이기도 하고, 그러려면 끊임없이 성찰하고 반성하는 훈련이 필요합니다. 자기 확신과 기만의 훈련, 정해진 지식을 암기하는 훈련이 아니라 되짚어 보고 따져 보고 물어보는 훈련이 필요합니다. 비판적으로 사유하는 훈련이 필요합니다.

사실 고집스러운 인간의 의지意志와 달리 의견意見은 서로 충돌하고 부딪치며 변화하기도 하고 그러면서 어떤 일치점을 찾기도 합니다. 인간은 완전한 존재가 아니기에 언제나 모자랄 수밖에 없고 다양한 대화만이 그런 부족함을 채워 줄 수 있습니다. 좌파나 우파, 이념의 문제가 아니라 기본적인 대화의 기술과 비판적으로 사유하는 훈련이 교육과정에 필요한 이유입니다. 즉 가만히 앉아 주입되는 지식을 암기하는 한국의 교육과정이 바뀔 때 정치가 바뀌고 권리에 관한 이야기가 등장할 수 있습니다. 학교에서의 정치 교육만이 아니라 도서관과 마을 등 공동체 공간 여기저기서 정치적 대화가 꽃을 피우도록 해야 합니다.

물론 모든 일상이 정치화될 필요는 없습니다. 개인의 사적인 삶은 그 자체로도 의미를 가집니다. 다만 개인의 사생활이 한순간에 파괴되지 않으려면 정치에 관한 대화가 필요합니다. 특히 한국에서는, 예를 들어 영화 〈판도라〉에 나오듯 핵발전소에 사고가 나거나 지진으로 건물이 붕괴되면 엄청난 재앙이 발생합니다. 이런 재앙은 개인의 힘으로 대응하거나 극복할 수 없습니다. 그래서 사생활에만 몰두하면 아무 일도 일어나지 않는 것이 아니라 세계의 붕괴를 맞이하게 될지도 모릅니다. 우리가 사는 공통의 세계에 관한 대화를 시작할 때 정치의 힘이 만들어집니다.

시민을 위한 헌법 만들기

이런 일상의 변화도 중요하지만 시민권을 강화시킬 수 있는 제도의 틀을 만드는 것도 중요합니다. 시민을 위한 국가를 만드는 가장 기본적인 방법은 시민을 위한 헌법을 만드는 것입니다. 법의 정신이라 할 헌법이 시민의 기본 권리를 보장하면 법률은 그에 맞춰 해석될 수밖에 없으니까요. 헌법이 시민의 것이 되려면 헌법을 바꾸는 과정에도 시민들이 참여할 수 있어야 합니다. 그리고 헌법이 시민권을 가장 중요한 원리로 보장하는 것이 중요합니다.

2010년 아이슬란드는 정치개혁을 추진하기 위해 인구비례에 맞춘 950명의 시민이 국민포럼을 구성하고 전국선거를 통해 25명의 헌법의회 위원을 선출했습니다. 그리고 국민포럼과 헌법위원들이 논의한 개헌안을 2011년 의회에 제출했고, 2012년 국민투표로 통과시켰습니다. 비록 보수정당이 최종 표결을 무산시켜 개헌안은 공포되지 못했지만 이 과정은 시민들에게 내 삶과 헌법이 어떤 연관성을 가지는지에 대해 학습시켰습니다.

한국에도 이러한 과정이 필요합니다. 1960년 이승만 대통령이 하야하고 난 뒤 수립된 과도 정부는 불과 50일 만에 헌법 개정 안을 마련해 국회에서 통과시켰습니다. 1987년 6월민주항쟁 이후에도 민정당과 민주당을 대표하는 8인 정치회담이 헌법 조문의 37%를 개정하는 개헌과정을 불과 48일 만에 끝냈습니다. 이 과정에서 시민들은 자신이 꿈꾸는 나라에 관해 충분히 이야기를 나누지 못했습니다.

시민이 헌법을 이해하고 헌법에 관해 논쟁할 때 정치의 주인이 될 수 있습니다. 단순히 모든 권력이 시민에게서 나온다는 조문만으로는 부족합니다. 시민이 실제로 권력을 행사할 수 있도록 헌법이 그 권한을 보장해야 합니다. 대다수 시민의 삶에 영향을 미치는 주요한 사안이나 법률에 관해서는 반드시 시민투표를 거치도록 규정하고, 필요하다면 일정 수 이상의 시민이 현안에 관한 시민투표를 요구할 수 있도록 법률로 보장해야 합니다. 스위스의 직접민주주의를 보면 현안에 관한 잦은 투표야말로 가장 좋은 시민교육이고 실질적 시민참여를 만드는 방법입니다.

6월민주항쟁

1987년 6월 10일 박종철 고문살인 은폐 조작 규탄 및 민주헌법쟁취 범국민대회로부터 6월 29일 노태우 민주정의당 대통령 후보의 6·29특별선언에 이르기까지, 전국 각지에서 총인원 400-500만 명이 참여한 반독재 민주화 운동.

입법부가 제 역할을 다하지 않는다면 그 구성을 바꿔야 합니다. 그런 점에서 선거제도를 개혁하는 것이 중요하고요. 선거가 민주주의의 모든 것일 수는 없지만 입법부의 구성은 사회 변화의 도화선이 될 수 있기 때문입니다. 지난 2020년 21대 국회의원 선거에서 준연동형비례대표제도가 도입되었지만 위성 정당들의 출현으로 그 취지가 훼손되었습니다. 정치개혁과 개혁적 입법을 위해서는 국회가 시민들의 성별·나이별·직업별 등과 최대한 일치하도록 구성되어야 합니다.

더 급진적인 상상을 한다면 성별·나이별·직업별 등에 따라 구성되는 시민의회나 시민평의회를 생각할 수도 있습니다. 시민의원을 선출하는 과정에 전면적인 추첨제도를 도입할 것인가, 어느 정도의 인원으로 구성할 것인가에 관해서는 더 많은 논의가 필요하겠지만 대의제도(국민이 스스로 선출한 대표자를 통해 국가권력을 행사하는 정치제도)가 정말 시민을 대의하도록 만드는 과정이 필요합니다.

준연동형비례대표제

연동형비례대표제는 지역구와 비례대표 의석을 연동하여 정당별 득표율에 정당별 지역구와 비례대표 의석의 합이 일치되도록 하는 제도로서, 지역구에서 의석을 확보하기 어려운 소수정당도 일정 정당 득표율을 확보하면 의석을 확보할 수 있게 하려는 목적으로 시행된다. 준연동형비례대표제는 비례대표 의석 가운데 연동률에 제한을 두어 일부에만 적용하는 방식이다.

시민권 보장을 위한 다양한 장치

입법부만이 아니라 시민이 행정부를 직접 견제할 방법에 관해서는 한국과 비슷하게 정치부패를 경험한 나라들의 경험을 살펴보면 좋습니다. 예를 들어 스페인의 전국정당 포데모스Podemos와 지역정당 아오라 마드리드Ahora Madrid, 바르셀로나 엔 코뮤Barcelona en Comú는 시민들이 주요한 정책과 직책을 맡을 정치인들을 통제하도록 했습니다. 왜냐하면 스스로 깨끗하다고 주장하는 정치조직이 권력을 장악하는 것보다 시민이 권력의 주체임을 자각하고 스스로 정치무대에 오르도록 해서 누가 권력을 잡든 부패한 정치를 하지 못하도록 만드는 것이 중요하기 때문입니다. 그래서 주요한 정책 결정은 반드시 총회를 통해 이루어지며, 주요 정치인들은 특권을 포기하고 자신과 가족의 재산을 비롯한 여러 정보를 공개하고 공개토론을 거쳐서 정책을 결정한다는 '윤리강령'에 동의해야만 공직을 맡을 수 있습니다. 이를 위해 주요 정책과 관련된 정보는 모두 공개되고, 정치인들의 일정이나 회의록도 모두 공개됩니다. 오늘 누구를 만나고 어떤 대화를 나눴는지도 공개의 대상이 됩니다.

이런 다양한 장치들이 마련되고 제도가 시민권을 보장하는 방향으로 바뀌면, 우리 삶은 훨씬 나아질 수 있고 나만의 행복이 아니라 모두의 행복이 보장될 수 있습니다. 이렇게 행복을 보장받을

2014년 1월에 창당한 포데모스는 2015년 총선에서 총 350석 중 69석을 차지해 스페인의
제3당이 되었다. 포데모스는 스페인어로 '우리는 할 수 있다'라는 뜻이다.

수 있는데도 각자 알아서 살아남으라는 강요를 받는다면 좀 억울
하겠죠. 그러니 시민권을 살리려면 시민의 끊임없는 관심과 참여
밖에 답이 없습니다.

함께 생각해요!

청소년의 권리를 헌법에 담는다면 어떤 권리를 얘기할 수 있을까요? 그 권리가 담겨
야 하는 이유는 무엇일까요?

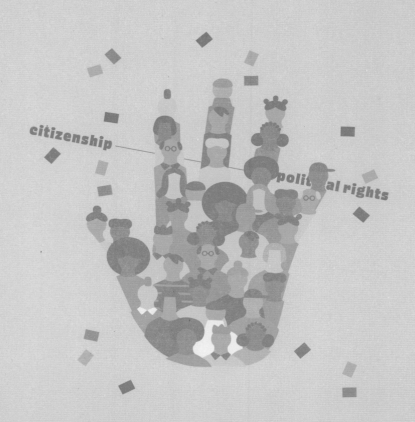

5장

시민권 따져 보기

1

시민의 권리와 의무는 충돌할까

이제부터는 시민권을 보장받고 강화하기 위한 조금 더 구체적인 논의를 하려고 합니다. 보통 권리에는 의무가 뒤따른다고 합니다. 시민권을 누리는 시민들이 져야 할 책임은 무엇일까요?

대한민국헌법에 따르면 한국의 시민은 교육·근로·납세·국방과 관련된 4대 의무를 지고 있습니다.

제31조 ②모든 국민은 그 보호하는 자녀에게 적어도 초등교육과
     법률이 정하는 교육을 받게 할 의무를 진다. …

제32조 ②모든 국민은 근로의 의무를 진다. 국가는 근로의 의무
     의 내용과 조건을 민주주의 원칙에 따라 법률로 정한다.
     …

제38조 　모든 국민은 법률이 정하는 바에 의하여 납세의 의무를
　　　　진다.

제39조 　①모든 국민은 법률이 정하는 바에 의하여 국방의 의무를
　　　　진다.

　이 중에서 교육과 근로는 권리이자 의무이기도 한데요. 이 4대
의무는 제헌헌법부터 바뀌지 않고 계속 유지되는 의무입니다. 그
런데 왜 이 네 가지가 의무로 되었을까요?

　근대국가에서 교육과 노동, 납세, 국방은 밀접하게 연관된 부
분입니다. 교육을 잘 받은 국민은 전문적인 일을 수행할 수 있는
훌륭한 노동자가 되고, 유사시에는 잘 훈련된 군인이 될 수 있고,
이들이 일해서 내는 세금은 국가를 운영하는 중요한 자금원이기
때문입니다. 그래서 국가는 국민의 교육에 대해 일정 정도까지 의
무교육으로 지정합니다. 국력은 군사력과 경제력 모두를 요구하
기 때문에 이 4대 의무는 매우 중요했습니다. 이렇게 힘을 키우기

제헌헌법

1948년 7월 17일 대한민국 제헌국회가 제정한 대한민국 헌법 제1호. 1952년
7월 7일 일부 개정할 때까지 존재했으며, 전문(前文)과 본문(本文) 10장 103조
구성되었다.

전쟁기념관에 전시되어 있는 제헌헌법의 첫 장.

위해 지원을 하면서 국가는 시민이 권리를 누리기 위해서는 그만큼 의무를 져야 한다는 논리를 만들었습니다.

능력이 아니라 필요에 따른 교육

지금은 어떨까요? 처음부터 시민의 의무는 권리와 맞물려 있었는데, 권리를 제대로 누리지 못하고 의무만 강요받는다면 그건 민주적이지 못한 겁니다. 예를 들어, 교육의 의무는 있는데 교육의 권리를 누리지 못하면 안 되겠죠. 헌법은 "모든 국민은 능력에 따라 균등하게 교육을 받을 권리를 가진다"고 보장합니다. "능력에 따라 균등하게"라는 말에서 권리는 어떻게 해석될 수 있을까요? 각자 개인이 가진 능력에 따라 차별을 받지 않으면 권리가 실현되는 걸까요?

언뜻 들으면 맞는 얘기 같은데 실제로는 조금 더 복잡할 수 있습니다. 예를 들어, 자신의 적성과 능력에 맞는 교육과정이 없는데 무조건 의무교육을 받아야 한다면 그것은 권리를 올바로 보장받는 것이 아닙니다. 내 적성과 능력이 무엇인지 잘 알지 못하는 상태라면 그것을 찾아가며 스스로 깨달을 수 있는 다양한 과정이 마련되어야 합니다. 그래야 의무교육이 권리를 보장하는 방법이 될 수 있습니다. 교육정책이 그런 다양성을 보장하지 않고 의무만 강조하면 권리는 무시되기 쉽습니다.

그렇다면 지금 한국의 교육은 권리를 제대로 보장하고 있을까요? 막대한 사교육비가 들어가는 성적과 경쟁 중심의 교육은 교육의 권리를 제대로 보장할 수 없습니다. 경쟁과 평가의 방식이 활용될 수밖에 없다 하더라도 경쟁의 승자만이 보상을 받고 패자에게는 아무 기회를 주지 않는 방식은 결코 교육적이라고 할 수 없습니다. 그런 경쟁체제에서는 누구도 자신의 적성을 발견할 수 없고 교육의 권리를 누릴 수 없으니까요.

그렇다면 교육은 '능력에 따라'가 아니라 '필요에 따라'로 바뀌어야 하지 않을까요? 각자에게 필요한 능력을 선택하고 기를 수 있도록 하는 것이 교육이니까요. 각자의 필요를 조사하고 그 필요에 따라 교육과정을 설계하고 그러면서 또 새로운 필요를 발견할 수 있도록 하는 것. 그렇다면 의무교육은 단순히 교육을 받아야 할 학년을 보장하는 것이 아니라 다양한 교육과정을 보장하는 데 초점이 맞춰져야 할 것입니다. 배우고 싶은 것이 없는데도 배워야 한다고 강요하는 것이 아니라 각자의 개성을 살릴 수 있는 교육과정이 만들어져야 합니다. 이를 위해서는 교육에 더욱더 많은 정부 예산이 투자되어야 하고, 그것은 성실한 납세자로서 시민이 요구할 수 있는 부분입니다.

권리를 보장받는 노동

교육과 연계되는 것이 노동인데요, 특히 한국은 학벌 중심으로 취업과 임금이 결정되다 보니 교육시장과 취업시장이 거의 분리되지 않습니다. 그래서 고학력자가 고임금을 받는 경우가 많고, 사회에 꼭 필요한 노동도 학력을 근거로 적은 임금을 주기도 합니다. 그런데 헌법은 근로의 의무만이 아니라 근로의 권리도 규정하고 있습니다.

① 모든 국민은 근로의 권리를 가진다. 국가는 사회적·경제적 방법으로 근로자의 고용의 증진과 적정임금의 보장에 노력하여

야 하며, 법률이 정하는 바에 의하여 최저임금제를 시행하여야
한다. …

③ 근로조건의 기준은 인간의 존엄성을 보장하도록 법률로 정한다.

④ 여자의 근로는 특별한 보호를 받으며, 고용·임금 및 근로조건
에 있어서 부당한 차별을 받지 아니한다.

⑤ 연소자의 근로는 특별한 보호를 받는다.

이 조항을 보면 각자 알아서 일자리를 찾는 게 아니라 국가가
각자에게 맞는 일자리를 보장하고 생활에 필요한 만큼의 임금 또
는 최저임금을 보장해야 합니다. 일하고 싶은 마음이 나야 열심히
일할 텐데, 하고 싶은 일도 아니고 임금도 적게 받으면 일하기가
싫어지겠죠. 그러니 노동도 마찬가지입니다. 내가 일한 만큼 정당
한 임금을 받고 안전하고 건강한 조건에서 일할 수 있어야 노동의
의무가 정당할 수 있습니다. 그런 조건을 마련하지 않은 채 노동
의 의무만 강요한다면 좋은 사회라고 할 수 없겠죠.

이렇게 보면 한국에서 노동의 권리는 더 많이 보장되어야 합
니다. 최저임금이 아니라 적정임금을 받고 생활에 필요한 임금을
받아야 합니다. 또 무조건 친절을 강요하는 감정노동이나 '갑질'
을 겪지 않도록 노동자의 존엄성을 보호해야 합니다. 일을 하는
건 필요한 노동력을 제공하는 것이지 나의 인격을 파는 것이 아니
니까요. 또 노동자가 임금이나 노동조건에서 차별받지 않도록 정

부가 잘 관리·감독해야 노동의 의무가 권리와 함께 가는 의무가 될 것입니다.

강요된 의무? 자발적 의무!

납세의 의무도 마찬가지죠. '대표 없이 과세 없다.' 미국독립전쟁 당시의 구호입니다. 당시 영국은 식민지인 미국에서 세금을 걷었지만 그들에게 대표를 선출할 권리는 인정하지 않았습니다. 세금만 내고 그 세금을 쓰는 방법을 정하는 데에는 참여할 수 없었다는 얘기죠. 내가 낸 세금이 좋은 방향으로 사용되어 돌고 돌아 나에게도 도움이 되고 사회를 건강하게 만든다면 사람들이 세금을 내기 싫어할까요? 반대로 부정부패가 만연하고 정부가 엉뚱한 곳에 세금을 낭비한다고 생각하면 시민들은 세금을 내기 싫어할 겁니다.

그러니 납세의 의무만 얘기할 게 아니라 정치와 경제가 정의로운 방식으로 운영되게끔 하려는 노력이 필요합니다. 그리고 그것은 시민의 참정권과 사회권을 제대로 보장할 때 가능합니다. 세금을 공평하게 내고 예산의 사용처가 투명하게 공개되며 그것을 시민들이 감시할 수 있다면, 납세는 강요된 의무가 아니라 자발적 의무가 될 수 있을 것입니다.

국방의 의무도 비슷합니다. 병역 비리나 군대 내 가혹행위가 줄어들고 정당한 보상을 받는다면 사람들은 군대를 기피하지 않을 것입니다. 그리고 양심이나 사상을 이유로 총을 들 수 없는 사람들은 군대가 아니라 교도소나 기타 다른 공익 기관에 근무하면서 병역을 대체하는 대체복무제도를 따를 수도 있습니다. 소중한 젊은 날의 시간을 공적 활동을 위해 쓰는 만큼 그것의 의미가 잘 살아나면 좋겠지요. 자신이 속한 정치 공동체에 대해 자부심을 느끼고 사랑하는 만큼 공익을 위한 활동의 의미도 빛날 것입니다.

이렇게 보면 의무는 권리와 밀접하게 연관되어 있고, 시민권은 의무가 제대로 시행될 수 있도록 해 주는 기반인 셈입니다. 그러니 권리와 의무가 꼭 충돌한다고 볼 이유는 없겠지요?

함께 생각해요!

만약 교육·근로·납세·국방의 4대 의무 외에 시민의 의무를 더 정한다면 어떤 의무를 얘기할 수 있을까요? 그리고 그 의무와 연관된 권리는 무엇일까요?

2
소수자의 존재 고려하기

권리를 요구할 때 잘 살펴야 하는 것이 바로 소수자입니다. 소수자의 삶은 잘 드러나지 않아서 의식적으로 살피지 않으면 보이지 않으니까요.

소수자는 어떤 사람들일까요? 수가 적은 사람들일까요? 보통 소수자로 분류되는 사람은 신체나 문화 등에서 다른 집단과 뚜렷하게 구별되는 집단, 그래서 생활에서 차별을 겪는 이들을 가리킵니다. 가난한 사람은 어떨까요? 가난한 사람은 사회의 약자라 불리지만 소수자라고 하진 않습니다. 변화의 가능성이 있기 때문이죠. 즉 가난한 사람도 성공해서 부자가 될 수 있으니까요. 그런 점에서 소수자는 바뀔 수 없는 뚜렷한 특징 때문에 사회에서 차별을 경험하는 사람들을 가리킵니다. 그래서 보통 여성, 장애인, 이주민, 난민, 동성애자나 <u>트랜스젠더</u> 같은 사람을 소수자라고 합니다.

공존을 위한 시민권의 확장

이런 소수자들은 공개된 자리에 나서기도 쉽지 않기 때문에 자신의 시민권을 온전히 누리기 어렵습니다. 최근 남녀의 성평등이 화두가 되면서 여성에 대한 차별이 존재하는가가 쟁점이 되고 있습니다. 예전과 비교해 여성의 사회적 지위가 높아졌고 일이나 사회생활에서 차별이 줄어들었다고 보는 이들이 있고, 여성의 처지가 조금 나아졌다지만 그건 예전에 워낙 나빴기 때문이며 여전히 차별은 존재한다고 보는 이들이 있습니다. 사람들의 생각은 다양할 수 있지만, 국회 구성만 봐도 다섯 명 중 네 명이 남자고, 100대 대기업 임원 중 여성 비율은 5% 이하(2021년 기준)입니다. 여성의 사회 진출이 늘어났다고 해도 주요한 직책은 대부분 남성이 맡고

> **트랜스젠더(transgender)**
> 신체 성별과 자신이 인식하는 성별(젠더)이 일치하지 않는 사람. 남성의 신체로 스스로를 여성이라고 인식하거나 그 반대의 경우를 뜻한다. 이런 혼란을 일치시키기 위해 성전환 수술을 하는 사람도 있지만 이는 개인의 자유 권한이라 수술을 하지 않고 살아가는 사람도 있다.

있고, 이것은 여성이 양육을 전담하거나 맞벌이임에도 주 양육자를 맡는 문화와 연관이 있습니다.

세상이 바뀌었다고 하지만 편견이 작동하는 방식이 달라졌을 뿐 여성은 여전히 어떤 '규정' 속에 갇혀 있습니다. 여자가 왜 나서냐, 여자는 이래서 안 된다, 남자와 대화하겠다, 이런 말들을 우리는 아직도 일상에서 자주 듣습니다. 요즘은 남성 혐오에 대한 이야기도 나오지만, 혐오를 권력관계에서 파악한다면 남성 혐오는 불가능합니다. 남성은 소수자가 될 수 없으니까요. 그래도 소수자의 권리는 이런 논쟁을 거치면서 조금씩 발전하고 실현됩니다.

하지만 아직 논쟁조차 되지 않는 소수자들도 있습니다. 2021년 기준으로 한국의 다문화 학생 수는 16만 명을 넘어섰습니다. 2012년에 4만 6천 명 정도였으니 10년 사이에 세 배 넘게 늘어난 셈입니다. 한국인과 외국인의 국제결혼으로 태어난 학생이 13만 1522명이고, 외국인 부모를 둔 학생이 2만 8536명입니다. 초등학생 수가 가장 많고 그다음이 중등학교, 고등학교 순입니다. 부모의 출신국을 보면 베트남이 32.2%로 가장 많고, 한국계를 제외한 중국인이 23.6%, 필리핀 10%, 한국계 중국인 8.2% 순입니다.

이 학생들은 지금 한국에서 차별받지 않고 시민권을 누리며 자라고 있을까요? 차별받고 있다면, 그렇게 성장한 세대가 10년, 20년 뒤 그 차별의 이유를 묻지 않을까요?

동성애자와 트랜스젠더도 대표적인 소수자입니다. 인간의 성性

에 대해서는 다양한 논의와 이해, 공부와 고민이 필요합니다. 그런데 우리 사회는 그런 것 없이, 당사자의 절박한 실존적 고민에 대한 최소한의 공감도 없이, 주민등록번호 뒷자리 1번과 3번은 남자로, 2번과 4번은 여자로 규정해 버립니다. 자신의 성 정체성에 대해 고민하는 이들에게 선택의 길을 제시하고 안내하기는커녕 규정된 성역할만 강요합니다. 이런 사회에서 성소수자들은 어떤 권리를 누릴 수 있을까요?

더 나아가 지구상의 비인간생물도 소수자라고 볼 수 있습니다. 지구에서 생명의 위계질서가 인간을 중심으로 만들어졌고, 인간이 아닌 것은 인간이 사용할 물건으로 취급되니까요. 예를 들어, 후라이드 치킨으로 만들어지는 닭은 한 달 남짓 산 어린 닭인데, 닭의 수명은 보통 7년에서 13년 사이입니다. 우리의 욕망을 채우기 위해 자기 수명의 100분의 1도 못 사는 존재가 바로 닭입니다. 닭에게도 권리가 있을까요? 닭 스스로 어떤 권리를 만들어낼 수는 없지만 이런 비인간생물과 인간이 어떤 관계를 맺는 것이 바람직할 것인지에 대한 고민은 필요합니다. 왜냐하면 인간과 비인간의 관계가 일방적 폭력과 착취로 얼룩지면서 코로나바이러스 감염증-19(이후 코로나19로 표기함) 팬데믹이나 기후위기를 비롯한 심각한 위기가 발생하고 있으니까요. 생태계의 파괴는 인간과 비인간생물 모두의 몰락을 가져올 것입니다. 그러니 공존을 위한 계획이 필요하고, 그렇다면 시민권은 더 확장될 수 있습니다.

다수에 맞추지 않을 권리

한국의 심각한 문제는 이런 소수자들의 권리를 존중하기는커녕 소수자에 대한 공격이 혐오로 발전하고 있다는 점입니다. 혐오는 싫은 감정을 넘어서 타자의 정체성을 부정하거나 차별하고 배제하려는 태도입니다. 서로가 서로의 존재를 부정한다면 사회는 유지될 수 있을까요? 당연히 불가능하겠죠. 서로 간의 갈등과 전쟁이 끊이지 않을 겁니다. 그렇다면 이 혐오를 어떻게 통제하며 서로의 권리를 보장할 수 있을까요?

가장 먼저 필요한 것은 소수자들의 권리를 드러내는 것입니다. 일단은 소수자들이 눈에 보여야 하고, 그래서 그들의 권리가 왜 필요하고 중요한지를 사회가 인지해야 합니다. 특히 소수자들이 스스로 시민권을 구성하도록 해야 합니다. 시민권이 이미 권리를 누리는 사람들만의 권리를 뜻하지 않는다면, 시민권은 소수자에게로 확대되어야 합니다. 그런데 이 확대 과정에서 다수가 요구하는 요건에 소수자가 맞춰야 한다면 그것은 권리라고 부를 수 없습니다. 그런 점에서 '다수에 맞추지 않을 권리'가 필요합니다.

대표적인 예를 들어보죠. 보통 우리는 장애를 이겨 낸 사람에게 박수를 보냅니다. 그런데 장애를 극복한 이들에게 꼭 박수를 보내야 할까요? 장애는 반드시 극복해야 할 한계일까요? 타고난 장애라면 그것을 왜 극복의 대상으로 삼아야 할까요? 왜 우리는 장애인의 권리를 보장하는 것이 아니라 장애인이 장애를 극복하고 비장애인이 되기를 원하는 걸까요?

장애를 이겨 내도록 강요하는 사회가 아니라 장애를 가진 사람도 장애가 없는 사람과 동등하게 살 수 있는 사회가 좋은 사회입니다. 소수가 다수에 맞추는 것이 아니라 소수와 다수의 차이를 인정하고 동등해질 수 있는 방법을 찾는 것이 권리입니다.

때로는 권리가 서로 충돌하기도 합니다. 논쟁이 되는 장애인의 대표적 권리가 바로 이동권입니다. 한국의 장애인들은 지하철과 버스, 기차를 타기 위해 끊임없이 싸워 왔고, 대중교통을 이용하는 시민들은 불편을 겪었습니다. 하지만 장애인들의 싸움이 있었기에 지하철에 엘리베이터가 설치되고 저상버스가 도입되었습니다. 이 엘리베이터와 저상버스를 장애인들만 이용할까요? 그렇지 않습니다. 노약자나 유모차를 미는 부모 등 여러 사람이 이런 시설을 이용합니다. 장애인의 권리를 보장하는 것이 다른 시민들의 권리도 보장하게 된 좋은 사례입니다.

기차나 지하철에 휠체어를 탄 장애인이 탈 때 비장애인보다 시간이 더 걸리는 것은 사실입니다. 그렇지만 몇 분의 시간을 더 쓰더라도 소수자의 권리를 보장하는 사회가 살기 좋은 사회 아닐까요? 장애인도 이동할 수 있어야, 이동권이 보장되어야 대인관계도 넓어지고 원하는 대로 교육도 받을 수 있고 우리가 민주시민의 자질이라 부르는 능력들을 발전시킬 수 있습니다. 이동권은 선

전국장애인차별철폐연대(전장연) 회원들이 서울 용산구 4호선 삼각지역 승강장에서 장애인 권리 예산 보장을 촉구하며 입장을 밝히고 있다.

택이 아니라 필수입니다.

　그리고 눈으로 확인되는 신체장애인보다 정신장애인의 경우 더 많은 사회적 차별과 배제에 시달립니다. 심한 경우 정신장애인은 잠재적 범죄자로 낙인찍히기도 합니다. 가끔 장애인의 폭력성이 두드러진 사례를 볼 수 있지만 그렇다고 정신장애인 모두가 폭력적이라고 전제하는 건 부분으로 전체를 재단하는 편견입니다. 그리고 장애인보다 비장애인의 폭력이 훨씬 빈번한데 장애인의 폭력성만 문제 삼는 것 또한 잘못입니다.

　장애인과 다른 소수자의 권리를 생각한다면 우리가 당연하게 생각하는 것들에 스며든 편견을 찾아서 없애야 합니다. 시민권을 존중하는 사회는 다수자가 아니라 소수자의 권리에 더 많은 신경을 써야 하고, 소수자가 다수에 맞추지 않아도 자신의 권리를 누릴 수 있도록 해야 합니다. 이주민들에게 한국 문화를 강요하지 않고 이주민들의 문화를 존중할 때 이주민의 권리가 실현될 수 있다고 말할 수 있습니다. 또 장애인의 노동은 일할 때도 '무조건 빨리, 많이'가 아니라 어떤 속도로 일하는 것이 인간적인 것인가에 관한 고민을 던져 줍니다.

그런 점에서 소수자의 존재는 사회의 주류 시각에 질문을 던지며 사회를 발전시키는 매개이기도 합니다. 장애인이나 이주민들을 지금 사회에 통합시키는 것이 아니라 그들이 일상을 살 수 있는 사회로 우리가 어떻게 이행할 것인가에 관한 고민이 필요한 것이죠. 배제된 사람들에게 너희도 들어오라고 문을 열어 줄 필요도 있지만 우리가 문을 열고 나가서 그들의 삶을 들여다볼 필요도 있는 것이지요. 그렇게 할 때 진정한 시민권이 구성되고 보장되지 않을까요?

그리고 소수자라고 해서 무조건 배려와 존중만 필요한 것은 아닙니다. 그들이 존중받고 동등한 시민으로서 활동할 수 있으면 서로가 서로를 돌보고 도울 수 있습니다. 만물은 서로 돕는다는 말처럼 서로가 서로를 마주 볼 수 있다면, 심각한 위기가 와도 함께 잘 극복할 수 있겠죠.

최저임금법에도 정신장애나 신체장애로 일할 능력이 많이 떨어지는 사람은 고용노동부 장관의 인가를 받아 최저임금법에서 제외하도록 합니다. 장애가 있는 사람은 비장애인보다 일상생활에서 더 많은 보조가 필요할 텐데, 임금을 더 적게 주는 것이 올바른 것일까요?

3

기후위기의 시대 살아가기

2018년 10월 유엔 산하 기구인 기후변화정부간협의체 IPCC, Intergovernmental Panel on Climate Change가 승인한 〈지구온난화 1.5도 특별 보고서〉는 전 세계가 산업혁명 대비 지구 평균온도 상승을 1.5℃ 이내로 제한하기 위해 최선을 다할 것을 권고했습니다. 그리고 2021년 8월 기후변화정부간협의체가 발표한 제6차 보고서는 1.5℃가 높아지면 극심한 폭염과 가뭄, 폭우, 홍수 등 전례 없는 기상이변이 증가하고, 2℃ 높아질 경우 그 강도가 최소 두 배, 3℃ 높아지면 네 배가 될 것이라고 더욱 강하게 경고했습니다. 뭔가 엄청난 위기가 다가오고 있는 것 같은데, 이런 위기에도 시민권은 보장될 수 있을까요?

이미 평균온도 상승을 1.5℃ 이내로 제한한다는 목표를 달성하는 것이 불가능할 것이란 전망이 점점 더 늘어나고 있습니다. 2019년 5월 오스트레일리아의 국립기후복원센터는 2050년이 되면 지구 육지의 35%, 지구 인구의 55%가 생존을 좌우하는 치명적 폭염에 1년 중 20일 이상 노출될 것이라고 예측했습니다. 그러면서 생존을 위한 전 지구적 노력이 없으면 문명이 붕괴할 거라고 주장했습니다. 앞의 제6차 보고서도 1.5℃ 상승을 막아야 하는 시점을 2050년에서 2040년으로 앞당겼습니다.

위기는 점점 더 빨리 다가오고 있는데 우리는 어떤 대비를 하고 있을까요? 인간의 생존을 위협하는 심각한 폭염이 한 달 이상 이어질 때 시민권을 보장받으며 살아갈 수 있는 사람은 얼마나 될까요? 야외에서 일하거나 생활해야 하는 사람들, 폭염에 노출된 동물과 식물은 버틸 수 있을까요?

전쟁을 불러오는 꿀벌의 위기

한국 정부도 기후위기의 심각성을 인식하고 2021년 9월 "기후위기 대응을 위한 탄소중립·녹색성장기본법"을 통과시켰습니다. 이 법은 "기후위기의 심각한 영향을 예방하기 위하여 온실가스 감축 및 기후위기 적응대책을 강화하고 탄소중립 사회로의 이행 과정에서 발생할 수 있는 경제적·환경적·사회적 불평등을 해소하며 녹색기술과 녹색산업의 육성·촉진·활성화를 통하여 경제와 환경의 조화로운 발전을 도모함으로써, 현재 세대와 미래 세대의 삶의 질을 높이고 생태계와 기후 체계를 보호하며 국제 사회의 지속가능 발전에 이바지하는 것"을 목적으로 삼는다고 밝혔습니다. 온실가스를 줄여서 지구온난화의 속도를 늦추고 그 과정에서 발생하는 불평등을 해소하며 경제와 환경의 조화로운 발전을 도모한다니 더할 나위 없이 좋아 보입니다. 숙제는 이 좋은 목표를 실현할 구체적 방법을 찾는 것이겠죠.

그런데 이 방법을 찾는 건 쉽지 않아 보입니다. 아직까지는 비교적 기후위기의 영향을 많이 받지 않고 있는 한국에서는 시민들이 기후위기의 영향을 크게 느끼지 못하고 있거든요. 한국의 도시 지역 인구비율을 보면 이미 2001년에 88.7%를 넘었고 2020년에는 91.8%입니다. 즉 전체 인구 중 4727만 명이 도시에 살고 455만 명만이 농촌에 삽니다. 기후변화를 쉽게 느낄 수 있는 농촌보다 어디에서나 에어컨 바람이 나오는 도시에 사는 사람의 비율이 압도적으로 많습니다. 더구나 인구의 절반 이상이 몰려 사는 수도권에서는 기후위기를 실감하기가 더 어렵습니다.

그렇다고 기후위기가 전혀 느껴지지 않는 건 아닙니다. 2021년 말부터 갑작스레 꿀벌이 실종되었다는 기사가 여기저기서 나왔습니다. 전국적으로 꿀벌 60-70억 마리가 사라졌다고 합니다. 원인은 가을에 기온이 낮아 꿀벌이 잘 크지 못했고 겨울에 온도가 높

대부분의 농작물은 꿀벌을 통해 수분을 하는데, 꿀벌의 개체수가 줄어들면 어떤 일이 일어날까?

아 꽃이 빨리 피자 활동하러 밖으로 나갔다가 기온이 낮아지면서 얼어 죽은 탓이 크다고 합니다. 한마디로 온도가 높아졌다 낮아졌다 일교차가 커지자 꿀벌들이 적응하지 못하고 죽은 겁니다. 꿀벌에 기생하는 응애라는 진드기의 영향도 있지만 기후의 영향이 더 컸다고 합니다.

꿀벌이 사라진 게 뭐가 그리 큰일이냐고요? 유엔 식량농업기구 FAO, Food and Agriculture Organization는 세계 식량의 90%를 차지하는 100대 작물 중 71-75%가 꿀벌을 통해 수분을 한다고 주장합니다. 수분이 안 되면 열매를 맺지 못하니 농작물의 생산량이 크게 줄어들고, 그러면 식량의 가격이 오를 겁니다. 인간의 경제활동으로 인한 온실가스 배출이 지구 온도를 높이고 기후변화를 불러와 꿀벌이 사라지고, 농작물의 생산량이 줄어들어 가격이 오르고, 식량을 둘러싼 갈등과 전쟁으로 이어집니다. 수많은 생명이 사라지는 것도 비극이고, 인간도 결코 그 비극에서 벗어날 수 없습니다.

그런데도 우리는 기후위기를 자연재해의 파노라마 정도로 생각하는 경향이 있습니다. 영화 〈투모로우〉나 〈해운대〉 수준의 엄청난 해일과 폭염, 갑작스러운 한파 정도는 되어야 심각하게 생각합니다. 그리고 재해나 재난을 두려워하면서도 그 재해와 맞서는 인간의 용기와 의지 같은 부분을 강조합니다. 마치 인간의 용기와 의지로 이겨 낼 수 있는 것처럼요.

위기로 더욱 증폭될 불평등 문제

그런데 우리가 실제로 겪을 위기는 훨씬 더 복합적이고 사회적입니다. 기후위기의 끝판왕은 시민권을 위협하는 심각한 불평등과 폭력일 가능성이 큽니다. 기후위기라고 하면 어마어마한 자연재해를 떠올리겠지만 사실 가장 큰 공포는 바로 사람입니다. 마실 물이 없고 먹을 식량도 없고 폭염을 피해 몸을 거할 곳이 부족하면 어떤 일이 벌어질까요? 위기가 오면 그 사회의 심각한 문제들이 동시에 터져 나올 것입니다.

심화된 불평등은 마치 전쟁처럼 시민권의 토대를 뒤흔들 겁니다. 《기후정의》(한티재, 2021)라는 책은 기후위기에 따른 가뭄이나 홍수 같은 자연재해, 이로 인한 식량가격 폭등과 정치적·사회적 불안, 갈등, 전쟁, 살기 위해 국경을 넘는 '기후난민' 등에 관해 다룹니다. 이 책은 기후위기에 따른 자연변화보다 그로 인해 증폭될 사회적 불평등에 더 초점을 맞춥니다. 위기는 절대로 모두에게 똑같이 실현되지 않습니다. 힘없고 가난할수록 위기는 가혹하고, 그런 사람들에게 미래는 두렵기만 합니다.

더구나 기후위기에 대한 책임은 선진국과 부자들에게 더 많습니다. 엄청난 온실가스를 배출하며 경제를 성장시키고 쓰레기를 만들어 온 제1세계 선진국들이 기후위기에 대해 더 많은 책임을 져야 하는데, 그들은 책임을 지려 하지 않을 뿐 아니라 위기를 기회로 삼으려 합니다. 배출되는 온실가스를 다시 모으면 된다는 탄소포집저장활용CCUS, Carbon Capture Utilization and Storage 기술이나 온실가스 배출량을 서로 거래하는 배출권거래제 같은 새로운 제도로 위기를 포장해 불평등을 은폐하려 합니다. 그렇게 은폐된 위기는 사라지는 것이 아니라 더 큰 위기로 폭발하게 됩니다.

그래서 《기후정의》의 저자 한재각은 기후위기에 대응하는 사회운동이 "시장에 대한 의존, 장기 위협을 다루는 데 실패한 국가, 사회 보호의 부재, 생명과 지구보다 투자를 보호하는 전반적인 경제 체제"에 대한 비판으로 나아가야 한다고 봅니다. 특히 시민들보다 국가와 기업이 더 많은 노력을 해야 합니다. 간단한 예로 시민들이 텀블러와 손수건을 사용하고 쓰레기를 줄이며 자동차 대신 걷기를 택해도, 삼척과 강릉에 건설되는 석탄발전소는 그보다 훨씬 많은 이산화탄소를 배출합니다. 책에 따르면 "무려 1억 2천만여 명이 하이파이브 약속에 동참했을 때 감축할 수 있는 온실가스량을 한꺼번에 배출한다"고 합니다. 기후위기에 대응하려는 노력이 성과를 거두려면 시민들이 정부와 기업을 움직여야 합니다.

물론 전 세계가 똑같이 동시에 뜨거워지거나 갑자기 식량이 완전히 사라지진 않을 겁니다. 특정한 지역이 더 많은 피해를 입겠지요. 기후위기에 대응하는 쪽에서는 '기후위기최전선공동체'라는 말을 씁니다. 기후정의를 요구하는 운동은 위기에 가장 큰 영향을 받는 시민과 지역들MAPA, Most Affected People and Areas, 즉 노동자, 농민, 빈민, 피해지역 주민들이 대책을 마련하는 과정에 실질적으로 참여할 수 있어야 한다고 주장합니다. 그들에게는 기후위기 대응이 훨씬 절실하니까요.

청소년에게 현재를 바꿀 권리를 허하라

한국의 청소년들은 이미 행동하고 있습니다. 2019년 3월 15일, 청소년기후소송단은 청와대에 다음과 같은 편지를 전달했습니다.

매일 마스크를 끼고, 눈이 오지 않는 겨울을 보내고, 뿌연 하늘을 하루하루 보다 보면 어느새 여름이 다가옵니다. 선택지가 없는 소비 시스템과 끝없는 입시의 굴레를 도는 학생들이 바로 여러분이 말하는 축복받은 세대의 모습입니다. 우리는 편리 속에서 살아가지만 그 편리에 비해 앞으로 짊어져야 할 짐이 너무나도 큽니다. 그런데도 어른들은 우리를 미래세대라고 부르면서, 열심히 공부하여 미래를 만들어 나갈 책임은 우리에게 주어졌지만 현재를 바꾸기 위한 권리는 우리 청소년들에게 주어지지 않았습니다.

지금의 청소년들이 현재를 바꿀 권리를 가져야 합니다.

이처럼 기후위기는 기존의 시민권 개념을 미래로 확장시킵니다. 같이 살고 있지만 아직 시민권을 받지 못한 사람, 지금 살고 있는 사람만이 아니라 미래에 태어날 사람, 그리고 비인간 생명체들의 권리로 고민을 확장시키니까요. 또 시민권이 성장과 발전보다 지속가능성에 초점을 맞추고 다시 계획되고 실행되는 과정이 필요합니다.

권리의 재구성이 필요하다는 것은 단순히 동물권이나 생태시민권 같은 새로운 권리를 도입하는 것에 그치지 않습니다. 기존의 권리가 지금 상황에 어떻게 적용될 수 있을지를 다시 고민하는 것과 같습니다. 예를 들어, 예전에는 폭염이 왔을 때 시민들이 안전을 누리는 방법이 냉방시설이 있는 곳으로 피신하는 것이었다면,

이제 코로나19 시대를 경험한 우리는 그런 시설로 몰리는 것이 더 위험할 수 있습니다. 그렇다면 폭염과 전염병을 함께 피할 수 있는 방법을 고민해야겠죠. 야외에서 일하는 농민과 노동자들이 폭염이나 혹한에 위협받지 않을 방법도 고민해야 합니다. 재난과 재해에 대비해 시민의 안전과 행복을 보장할 방법이 달라져야 하는 거죠.

그리고 코로나19로 인해 집회나 시위가 금지되고 모임이 중단되었다면 그런 시대에도 민주주의를 활성화시킬 방법에 대한 고민이 필요합니다. 온라인 회의가 많이 확산되어 사람들이 소통할 방법은 찾았지만 집단의 목소리를 내고 권리를 요구할 수 있는 효과적인 방법은 아직 찾지 못했습니다.

함께 생각해요!

기후위기로 가장 위협받을 시민들은 누구고, 그들에게 보장되어야 할 시민권은 무엇일까요?

6장

시민권의 미래

1
탈성장 시대의 시민권

앞서 시민권의 등장은 복지국가의 등장과 무관하지 않다고 했습니다. 근대국가는 경제성장을 통해 다양한 시민권을 보장할 수 있게 되었습니다. 하지만 이제는 무조건 경제성장만 생각해서는 안 됩니다. 생태계를 보전하고 다양한 가치를 존중하며 다가올 기후위기에 대비하고 적응해야 합니다. 경제성장에 저당 잡힌 삶에서 벗어나 다른 대안을 준비하자는 입장 중에 '탈성장'이 있습니다.

2021년에는 《적을수록 풍요롭다》(창비), 《탈성장》(대장간), 《탈성장 쫌 아는 10대》(풀빛), 《지속불가능 자본주의》(다다서재), 《미래를 위한 새로운 생각》(나무생각) 같은 탈성장에 관한 책이 한국에도 많이 나왔습니다. 예전 같았으면 쉽게 무시되었을 '탈성장' 개념이 지금은 조금 더 진지하게 대안으로 다뤄지는 느낌입니다.

탈성장을 이야기하는 사람의 수가 늘어난 면도 있지만 사회와 지구의 위기가 더 심각해졌기 때문이기도 합니다. 자본주의의 확장과 불평등, 생태계의 파괴는 분리될 수 없는 사안이니까요.

기후위기와 녹색성장, 두 마리 토끼 잡기

하지만 여전히 한국에서 탈성장에 관한 이야기는 편견에 막혀 있습니다. 환경도 중요하지만 일단 먹고 살아야 하는 거 아니냐, 일자리가 먼저지, 부동산이 먼저지, 불평등이 먼저지… 이렇게 우선순위가 계속 미뤄지다 기후위기의 심각성이 전 세계적으로 부각되면서 "기후위기 대응을 위한 탄소중립·녹색성장기본법"이라는 묘한 법률이 만들어졌습니다. '기후위기'와 '녹색성장'은 '짬짜면'처럼 한 그릇에 담을 수 있는 내용이 아닌데, 두 마리 토끼를 잡겠다는 욕심을 버리지 못했습니다.

정부의 태도가 이렇다면 사회운동이 좀 다른 대안을 만들어야 하는데 여기도 상황은 비슷합니다. 뒤에서 조금 더 구체적으로 다루겠지만 '정의로운 전환'just transition은 기후위기에 대응하는 과정과 결과가 모두에게 정의로워야 한다, 특히 노동자를 과정에서 소외시키지 않고 불평등을 막아야 한다는 주장입니다. 그런데 한국에서는 정의로운 전환과 관련된 논의에서도 일자리 보존만 부각되는 느낌입니다.

국가가 시민권을 보장해야 하지만 책임져야 할 권리는 노동권만이 아니라고 생각합니다. 기후위기 상황에서 사회의 지속가능성을 어떻게 만들어 낼지, 폭염이나 혹한에 노출되는 사람들의 안전과 건강을 어떻게 보장할지, 해수면 상승으로 침수되거나 가뭄이나 태풍의 피해를 입은 지역을 어떻게 보살필지, 이런 부분들에 대한 논의는 활성화되지 않고 있습니다. 오히려 수소경제와 같은 신에너지 산업에 대한 기대치만 부풀려지고 그런 산업에서 일자리가 늘어날 것이란 막연한 기대만 있습니다. 위기 상황에서도 한국은 여전히 성장에 집착하고 있습니다.

그래서 한국에서는 탈성장에 관한 논의가 활발하지 않습니다. 영국의 경제인류학자 제이슨 히켈Jason Hickel은 《적을수록 풍요롭다》에서 탈성장은 모든 공장과 사무실의 문을 닫자는 것이 아니라 우리 사회에서 성장시켜야 할 부문과 도태시켜야 할 부문을 결정하는 것이라고 봅니다. 한국에서 온실가스를 가장 많이 배출하는

수소경제

화석연료 중심의 현재 에너지 시스템에서 벗어나 수소를 에너지원으로 활용하는 자동차, 선박, 열차, 기계 혹은 전기발전, 열 생산 등을 늘리고, 이를 위해 수소를 안정적으로 생산-저장-운송하는 데 필요한 모든 분야의 산업과 시장을 새롭게 만들어 내는 경제 시스템.

곳이 한국전력의 발전소, 포스코, 현대제철, 삼성전자, LG화학 같은 기업들입니다. 이런 공장의 문을 바로 닫자고 할 수 없으니 화석연료 사용이나 배출량을 줄일 방법을 찾아야겠죠. 그러려면 재생에너지를 생산할 시설이나 탄소 배출을 줄일 산업이 필요합니다. 그리고 코로나19 같은 전염병이 또 언제 어떻게 발생할지 모르니 의료 부문 투자를 늘려야 합니다. 기후위기로 농업이 위태로우니 식량주권을 지킬 수 있도록 농민들이 농촌을 지킬 수 있도록 투자해야 합니다. 이렇게 보면 탈성장은 무조건 경제 규모를 축소하고 일자리를 없애는 것이 아니라 사회적으로 해롭고 무의미한 일자리를 없애고 사회에 이롭고 의미 있는 일자리를 늘리는 과정입니다.

그리고 탈성장 전략은 그런 전환을 개인들의 선택에 맡겨 놓지 않습니다. 지금까지 인류는 서로 소통하고 협력하며 사회를 발전시켜 왔는데, 지금은 각자 알아서 살아남아야 하는 치열한 경쟁에 내몰리다 보니 그런 능력을 발휘하지 못하고 있습니다. 탈성장은 그런 소통과 협력의 능력을 강화하는 과정, 함께 통제할 수 있는 삶의 영역을 늘리는 과정이자 새로운 시민권을 구상하는 과정이기도 합니다. 탈성장 시대에는 시민들이 통제할 수 있는 다양한 공간이 늘어나고, 그런 공간이 커먼즈commons, 즉 공유지라는 말로 표현되기도 합니다. 함께 농사를 짓는 공간, 함께 책을 읽고 운동을 하며 생활하는 공간, 함께 물건을 만들고 고장 난 물건을 수

리하는 공간 등의 시민 공간을 확보하도록 요구하고 그곳을 공동으로 관리하기 위한 권리가 요구될 수 있습니다. 이런 권리는 근대적 시민권 목록에는 들어가 있지 않지만 탈성장 시대에 점점 더 중요해질 권리입니다.

휴식할 권리, 먹거리기본권

지난 제20대 대통령선거에서 주 4일제 노동 공약이 나왔습니다. 그런데 며칠을 일하느냐보다 적정한 임금과 공공서비스의 확충, 노동과 여가의 균형, 충분한 휴식, 의미 있게 시간을 보낼 수 있는 장소들의 확보 등이 더 중요하다고 생각합니다. 노동할 권리만이 아니라 충분히 휴식할 수 있는 권리, 일할 공장만이 아니라 휴식할 공간을 요구할 권리, 그 시간과 관계와 공간을 확보해 가는 과정이 탈성장이고, 이제는 그런 권리들이 점점 더 중요해질 겁니다. 과거에는 부를 많이 생산해서 그것을 사회에 골고루 분배할 방법에 관한 것이 중요한 권리였다면, 이제는 적당히 일하고 충분히 쉬며 의미 있는 시간을 보내는 것이 중요한 권리가 될 것입니다.

'말은 좋은데 그게 가능하겠어'라고 생각하는 분들도 있을 겁니다. 하지만 불과 10년 전만 해도 소수의 사람들만 이야기했던 기본소득이 정치권의 주요 의제가 되고, 인터넷상에서 자기 정보를 삭제하는 '잊혀질 권리'right to be forgotten도 적극적으로 논의되고 있습니다. 상황과 조건에 따라 권리의 필요성에 대한 논의는 빨라지기도 합니다. 물론 자동으로 권리가 개선되는 건 아니니 치열하게 싸우며 한 걸음씩 나아가기 위해 노력해야겠지요.

또 이렇게 바뀌지 않으면 대안을 찾기 어려운 권리도 있습니다. 대표적인 것이 먹거리에 관한 권리입니다. 이것은 가장 기본적인 권리이자 앞으로 가장 어려움을 겪을 권리입니다. 2017년 6월 20일, 서울특별시는 "누구도 경제적 형편 때문에 굶거나 질이 낮은 먹거리를 먹게 되는 일이 없어야 하고, 사회·지역·문화적인 문제로 건강하고 안전한 먹거리에 접근하는 데 곤란을 겪지 않아야 합니다"라며 '먹거리기본권선언'을 발표했습니다. 인구 1천만 명의 대도시가 먹거리를 시민의 기본권으로 선언하고, 이와 관련해 아동·노인 시설 친환경 식재료 확대, 취약계층의 영양 관리, 식중독이나 잔류농약 등 식품안전 강화를 주요 정책으로 제안했

기본소득

중앙정부나 지방정부가 모든 개인에게 자산이나 근로취업에 대한 요구 등의 조건 없이 지급하는 소득. 노동과 소득을 분리하고, 구성원 모두의 인간다운 삶을 보장한다는 의미의 기본권 차원에서 출발한다.

습니다.

먹거리기본권이 중요한 권리가 된 것은 주목할 만합니다. 그런데 이 권리가 보장되려면 선언으로 그쳐서는 안 됩니다. 2021년 6월 9일, 국회에서는 '농촌인력 부족, 어떻게 해결할 것인가?'라는 주제로 토론회가 열렸습니다. 토론회 자료에 따르면, 2019년 농가인구는 약 224만 명, 전체 인구의 4.3%로 1970년에 비해 84.4%가 감소했습니다. 농가인구가 빠르게 줄어든 반면 고령인구 비율은 1970년 4.9%에서 2019년 46.6%로 급등했습니다. 도시에서는 일자리가 부족하지만 농촌은 일손이 턱없이 부족합니다. 이 공백을 채우는 사람들이 외국인노동자들이고, 그들이 가장 힘든 노동을 담당하고 있습니다. 코로나19 팬데믹으로 노동력의 이동이 어려운 상황에서 누가 먹거리를 생산할까요?

이런 상황에서 한국의 곡물자급률은 2018년 21.9%로 매년 계속 떨어지고 있고, 곡물·육류·채소·과일 등 식품 섭취량의 자급률을 나타내는 칼로리자급률도 2018년 35.1%로 가장 낮아졌습니다. 더구나 코로나19 상황에서 식량 확보가 어려워지자 전 세계 여러 국가가 곡물 수출을 제한했습니다. 이때 식량의 절반 이상을 수입에 의존하는 한국은 위기에 처할 수 있습니다. 러시아의 우크라이나 침공이나 기상이변으로 인해 밀이나 곡물의 수출을 통제하는 국가가 늘어나고 있습니다.

한국이 먹거리 위기에 대응하려면 농수산물을 계획적으로 생산하고, 관리하며, 정의롭게 분배하는 '먹거리 공공성'이 필요합니다. 먹거리 공공성은 생산지인 농민과 농촌의 지속을 보장하고, 생태적으로 지속가능한 방식으로 먹거리를 가공·유통하고, 누구나 건강하고 안전한 식재료를 즐길 수 있도록 공공 급식을 확대하는 과정입니다. 이런 과정을 만들려면 정부가 대대적으로 투자해야 합니다.

중앙정부의 권한이 지방정부로 점차 넘어가며 지방정부의 위상이 달라지고 있고, 농수산업과 농어촌 및 지역경제를 살리고 지속가능하게 만드는 일은 지방정부의 몫이 되었습니다. 그러나 세계화된 경제구조에서 지방정부가 제 몫을 하려면 체계적 계획과 중앙정부와 지역사회와의 협력이 반드시 필요합니다. 특히 생산과 가공, 유통에서 초국적기업이나 대기업의 영향력이 커질수록 이윤보다 공공성을 중심에 놓고 '생산-가공-유통-소비-폐기/재활용'의 먹거리 순환계획을 짜야 합니다. 그래야 가장 기본적인 먹거리기본권이 보장될 수 있습니다.

탈성장 시대, 행복을 위한 조건

21세기에 농업을 강조하니 이상하다고요? 부탄이라는 나라에는 국민총행복GNH, Gross National Happiness 이라는 지표가 있습니다. 이

나라에서는 행복을 다양한 지표로 측정합니다. 우리에게 익숙한 1인당 소득은 33개 지표 중 하나일 뿐입니다. 한국인의 평균 수면 시간은 OECD 국가 중 거의 최하위라고 하는데, 국민총행복 지표에는 수면시간이 포함됩니다. 부탄은 우리보다 가난하지만 우리보다 더 많이 잡니다. 그리고 전통 예술에 대한 이해, 소속감과 신뢰, 정신건강 등도 행복의 중요한 요소입니다. 지금 우리가 행

국민총행복 지수 9개 영역의 33개 지표
(숫자는 해당 영역에서 각 지표가 차지하는 비율, 단위 %)
자료: 부탄 국민총행복위원회

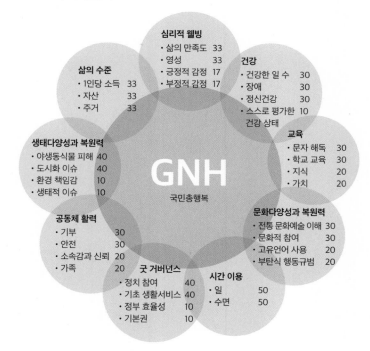

심리적 웰빙
- 삶의 만족도 33
- 영성 33
- 긍정적 감정 17
- 부정적 감정 17

삶의 수준
- 1인당 소득 33
- 자산 33
- 주거 33

건강
- 건강한 일 수 30
- 장애 30
- 정신건강 30
- 스스로 평가한 건강 상태 10

생태다양성과 복원력
- 야생동식물 피해 40
- 도시화 이슈 40
- 환경 책임감 10
- 생태적 이슈 10

교육
- 문자 해독 30
- 학교 교육 30
- 지식 20
- 가치 20

GNH
국민총행복

문화다양성과 복원력
- 전통 문화예술 이해 30
- 문화적 참여 30
- 고유언어 사용 20
- 부탄식 행동규범 20

공동체 활력
- 기부 30
- 안전 30
- 소속감과 신뢰 20
- 가족 20

굿 거버넌스
- 정치 참여 40
- 기초 생활서비스 40
- 정부 효율성 10
- 기본권 10

시간 이용
- 일 50
- 수면 50

복해지려면 무엇이 필요할까요? 탈성장은 이런 질문을 던지고 시민들이 답을 찾아가는 과정입니다.

이렇게 보면 탈성장 사회에서 시민권은 매우 중요한 요소가 됩니다. 조금 덜 일하고 더 많은 자유시간을 쓰면서 자신과 공동체의 가치를 되새기는 삶이 필요하기 때문입니다.

함께 생각해요!

탈성장 사회에서는 다양한 시민권 중 어떤 권리가 가장 중요해질까요? 그 권리가 중요해지는 이유는 무엇일까요?

2
다문화주의와 시민권

2019년 한국에서 장기체류와 단기체류를 합한 외국인 수가 처음으로 250만 명을 넘어섰습니다. 전체 인구의 4.9% 정도를 차지하는 수치입니다. 통계청에 따르면 이주배경인구가 2020년 222만 명(4.3%)에서 2040년에는 352만 명(6.9%)까지 증가할 거란 예상입니다. 한국은 귀화한 사람이나 이민자 2세를 어떻게 대하고 있을까요?

'차별하지 않고 동등하게 대한다'가 모범답안일 것입니다. 그런데 어떻게 대하는 것이 공정한 걸까요? 예를 들어, 이주민들에게 그들의 이중 정체성을 버리고 완전히 한국인처럼 되기를 요구하는 것은 공정한 걸까요? 우리는 이주민이 한국말을 하고 한국 문화를 따를 때 '한국 사람 같다'며 칭찬하지만, 그들이 다른 문화를 따르면 귀화했으면서 한국 문화를 따르지 않는다고 싫어합니다. 한국말 잘하는 외국인을 무작정 좋아하는 것처럼요. 그들 입장에서는 사실 둘 다 자신의 문화인데 말이죠.

외국인주민의 거주권

이주노동자에 대해 얘기하면 문제가 더 분명해집니다. 가령 이주노동자에게 한국말로만 지시하는 것은 공정한 걸까요? 아니면 관리자들이 기본적인 표현만이라도 그 나라 말을 알아 두는 것이 공정한 걸까요? 불이 나거나 사고가 발생하면 신속하게 소통해야 하는데, 관리자들이 그 나라 말을 모르면 제대로 소통할 수 있을까요? 그리고 한국인이 먹는 음식을 그들에게 똑같이 제공하는 것이 공정한 걸까요? 그 나라의 음식문화를 고려해 식사를 제공하는 것이 공정한 걸까요? 돼지고기나 소고기를 먹지 않는 사람들에게 그런 음식을 제공하는 것이 올바른 일일까요?

같은 거주민으로서 서로의 권리를 존중해야 하는데, 그런 사례를 찾아보기가 어렵습니다. 출산율이 낮아지고 노동력이 부족해지는 한국 사회에서 이주노동자의 시민권은 점점 더 중요해질 수밖에 없습니다.

더구나 '결혼이주'라는 이름으로 포장되지만 불평등한 계약관계에 묶여 있는 이주여성들은 인권조차 위태롭습니다. 이주여성들에 대한 폭행과 차별은 다반사여서, 국가인권위원회가 2018년 6월 21일 발표한 〈결혼이주여성 체류실태 요약자료〉에 따르면, 가정폭력을 경험한 사람이 전체 920명 중 387명으로 42.1%에 달합니다. 복수 응답에 따른 가정폭력 유형을 보면, 심한 욕설(81.1%), 한국식 생활방식 강요(41.3%), 폭력위협(38.0%), 필요한 생활비나 용돈을 안 줌(33.3%) 순이고, 흉기 위협도 19.9%나 되었습니다. 이런 위협을 받으면서도 이주여성들이 한국 국적을 얻어 시민권을 보장받기 위해서는 결혼 상태로 2년 이상 계속 한국에 주소지를 두거나 결혼하고 3년이 지나고 결혼 상태로 한국에 1년 이상 주소가 있어야 합니다. 즉 이주를 했음에도 한국의 시민권을 보장받기까지는 일정한 시간이 필요하고, 그래서 이주여성들은 가정폭력을 감내해야 하는 경우가 많습니다. 이것은 시민으로서 기본적인 권리조차 제대로 보장받지 못하고 있음을 뜻합니다.

이런 불안한 상황에서 외국인주민의 수는 계속 늘어나고 있습니다. 행정안전부가 발표한 〈2020년 지방자치단체 외국인 주민 현황〉(2021년 11월)을 보면, 국내 외국인주민의 수는 약 214만 명으로 총인구 대비 4.1%를 차지했습니다. 외국인주민 비율은 2006년 1.1%에서 2020년 4.1%로 세 배 이상 증가했습니다. 유형별로 보면 국적 미취득자가 169만 5643명(79.0%), 국적 취득자

19만 9128명(9.3%), 외국인주민 자녀(출생) 25만 1977명(11.7%)입니다. 외국인주민 현황은 2006년부터 발표되었는데, 2020년은 최초로 그 수치가 줄어든 해라고 합니다. 코로나19 상황으로 외국인노동자와 유학생 수가 크게 줄었기 때문이죠. 한국 국적을 가지지 않은 주민 중 국적별로 살펴보면, 중국 출신이 44.2%(74만 9101명), 베트남(11.8%), 태국(9.8%), 미국(3.5%) 순입니다. 국적을 취득하지 않은 사람 중 중국과 베트남, 태국 비중이 높은 것은 일하러 온 사람이나 유학생이 많은 것이라고 볼 수 있습니다.

지역별로 살펴보면, 경기도가 71만 5331명(33.3%)으로 가장 많고, 서울특별시가 44만 3262명(20.6%), 인천광역시가 13만 845명(6.1%), 경상남도가 12만 5817명(5.9%), 충청남도가 12만 2826명(5.7%) 순으로 나타납니다. 조금 더 세밀하게 시·군·구별로 보면, 경기도 안산시에 가장 많이 거주하고(9만 3639명), 경기도 수원시(6만 6490명), 경기도 화성시(6만 3493명), 경기도 시흥시(6만 2397명), 서울시 구로구(5만 4878명) 순으로 나타납니다.

한국에서 주거비용이 가장 많이 드는 수도권에 외국인이 많이 살고 있는 셈인데, 외국인주민의 주거권은 잘 보장되고 있을까요? 국적을 취득하지 않은 외국인주민이 다수인데, 이들은 적절한 의료보장을 받고 있을까요?

혐오를 키운 한국의 관용 활용법

다문화주의는 많은 문화를 경험하자는 것이 아니라 소수집단의 다른 정체성과 문화를 적극적으로 인정하려는 흐름을 가리킵니다. 흔히 그런 과정에 필요한 가치를 '관용'이라고 합니다. 관용은 종교나 사상이 다른 경우에도 논쟁은 하되 폭력에 호소하지 않고 평화적으로 해결하려는 태도를 가리킵니다. 그 반대말은 혐오겠죠. 흔히 서구사회는 관용의 지수가 높고 한국은 그 지수가 떨어진다고 합니다. 정말 그럴까요?

웬디 브라운의 책 《관용: 다문화제국의 새로운 통치전략》(갈무리, 2010)은 그 답을 찾는 데 도움이 되는 좋은 길잡이입니다. 브라운은 미국 최초의 흑인 대통령인 오바마^{Barack Obama}가 취임한 이후 미국에서 인종에 대한 편견이 더욱 강력해졌다고 봅니다. 이제

웬디 브라운(Wendy L. Brown, 1955-)

미국의 정치이론가. 프린스턴 대학에서 정치철학 박사학위를 받았고, 현재 캘리포니아 대학 버클리 캠퍼스에서 정치학을 가르치고 있다. 현대 민주주의의 권력 형성, 정치적 정체성, 시민권 등을 연구하며, 그의 책은 20개 이상의 언어로 번역되었다. 한국에는 《관용》과 《민주주의 살해하기》(내인생의책, 2017), 《남성됨과 정치》(나무연필, 2021), 공저인 《민주주의는 죽었는가》(난장, 2010)가 번역·소개되었다.

흑인이 대통령에 당선되는 세상이니 인종 갈등의 시대는 끝났고 백인이 흑인을 충분히 관용한다고 생각할 수 있습니다. 하지만 오바마의 당선은 백인이 흑인을 관용한 것에 따른 승리가 아니라 흑인이 백인의 권리를 누리게 된 평등의 승리로 봐야 합니다. 그것을 관용이라고 부르는 순간 오바마는 백인들의 관용을 받은 대상이 되기 때문이죠.

브라운은 관용이라는 말이 등장하고 활용되는 맥락을 잘 살펴야 한다고 말합니다. 즉 누가 누구를 대상으로 관용이라는 말을 쓰는지, 왜 어떤 것은 인정되고 다른 것은 거부되는지, 그런 관용이 목적으로 삼는 효과는 무엇인지 잘 관찰해야 한다는 얘기입니다. 또 다른 예로서 브라운은 여성을 통해 관용이 현재의 지배질서를 보호하는 방법을 설명합니다. 이성애자인 여성은 남녀평등의 대상이 되지만 동성애자인 여성은 관용의 대상이 됩니다. 이성애자는 현재의 사회질서로도 받아들여질 수 있지만 동성애자는 그럴 수 없기 때문에 동성애자는 평등이 아니라 관용의 대상입니다. 정부는 동성애자가 질서를 위협한다고 보고 그들을 정치적 평등이 아니라 관용의 대상으로 만듭니다. 그래서 동성애자는 현재의 질서에서 불안정한 삶을 살 수밖에 없고, 관용은 평등의 확장이 아니라 평등에서 빠진 구멍을 메우는 장치로 활용됩니다.

한국의 결혼이주여성도 비슷하지 않을까요? 한국인으로 완전히 귀화한 이주여성은 평등의 대상이지만 아직 귀화하지 않은 이주여성은 관용의 대상이 됩니다. 그는 아직 한국 국적을 가지지 않았고 결혼을 하긴 했지만 한국에 들어온 목적도 명확하지 않다고 생각해서입니다. 결혼이주여성 중 한 명인 이자스민Jasmine B. Lee이 국회의원이 됐을 때도 한국은 비슷한 반응을 보였습니다. 한국 국적을 가진 여성이 국회의원이 된 것이 아니라 다문화정책의 대상인 여성이 한국 사회의 관용으로 국회의원이 되었다는 것이었죠. 당연히 사회의 관심도 이자스민의 개인 삶과 다문화정책에만 쏠렸습니다. 막강한 권력을 가진 국회의원이었음에도 이자스민은 관용의 대상이었기에 그 권력을 제대로 쓰기 어려웠습니다.

이런 식으로 이주민을 대하는 것이 정당할까요? 어떤 점에서 정부는 권력의 정당성이 부족할 경우 그것을 보완하기 위해 관용의 대상을 만들고 관리하기도 합니다. 군대나 경찰이 시민의 권리를 억압했다는 사실이 드러나면 정부는 이주민이나 난민을 관리하기 위해 어쩔 수 없었다는 식으로 해명하는 것이죠. 그래서 폭력을 배제한다는 관용에 폭력이 따라다닙니다. 정부가 정한 선을 넘는 순간 이주민은 관용의 대상이 아니라 폭력의 대상이 됩니다. 이렇게 보면 한국 사회는 관용이 부족한 것이 아니라 전형적인 방식으로 관용을 활용해 온 것이고, 지금처럼 혐오가 늘어난 것은 이런 관용의 활용법과 무관하지 않습니다.

브라운은 이런 논리를 확장해서 서구사회가 야만인을 만들어 관리하고 관용해 왔다고 주장합니다. 특히 미국을 지배하는 이데

올로기인 자유주의가 관용의 통치술을 적절히 활용해 왔다고 얘기합니다. 자유주의는 각자의 문화를 존중하자는 다문화를 주장하지만 실제로는 자기 문화 외의 다른 문화들을 낮춰 보거나 야만으로 몰아붙이고 자신의 문화를 교육하려 했으니까요. 브라운의 얘기는 자유주의와 다문화주의를 표방하면서도 실제로는 타자를 배척하는 한국 사회의 모순을 이해하는 데 도움을 줍니다.

이주민은 관리의 대상이 아니라 함께 생활하는 시민

2040년에는 외국인주민이 인구의 6.9%까지 늘어난다고 합니다. 100명 중 여섯 명이 외국인주민이라는 얘기죠. 지역에 따라서는 그 비율이 훨씬 늘어날 것이고요. 하지만 그들이 한국에서 다수를 차지할 가능성은 낮고 그들은 소수자로 살아갈 수밖에 없습니다. 우리는 해외의 한국 동포들이 겪는 어려움에 대해서는 발끈하면서 우리 내부에 존재하는 누군가의 동포들이 겪는 어려움에 대해서는, 그들의 시민권에 대해서는 별로 관심을 두지 않습니다.

2019년 12월 국가인권위원회는 이주민정책의 10대 기준을 제시했습니다.

• 인종차별을 금지하고 이주민이 평등하게 존중받을 권리 보장.

- 권리구제 절차에 이주민의 접근이 용이하도록 개선.
- 난민인정 절차와 결정에 공정성을 강화하고, 난민 처우 개선.
- 이주민에게 공정하고 우호적인 조건에서 노동할 권리 보장.
- 취약계층 이주노동자의 인권 증진을 위해 제도 개선과 관리감독 강화.
- 이주민에게 보건의료 서비스 차별 없이 보장.
- 위기 상황에 처한 이주민에 대한 보호 등 비차별적 사회보장제도 마련.
- 이주아동에게 아동 이익 최우선의 원칙 보장.
- 이주여성의 인권을 보호하고 이주정책에 젠더 관점 반영.
- 이주민 구금을 최소화하고 인도적 차원의 대안 마련.

단순히 다양성을 존중한다는 말로는 이주민의 권리를 보장할 수 없습니다. 이주민에 대한 차별에 적극적으로 항의할 뿐 아니라 이주민이 평등하게 정책에 참여하고 자신의 권리를 주장할 수 있도록 보장해야 합니다. 이주민은 관리의 대상이 아니라 함께 생활하는 시민이니까요.

함께 생각해요!

국가인권위원회가 제안한 이주민정책 10대 기준에서 외국인주민에게 가장 시급한 것은 무엇일까요? 그리고 그 이유는 무엇일까요?

3
노동자와 시민권

미래의 노동권에 영향을 미칠 중요한 변수가 두 개 있습니다. 하나는 기후위기고 다른 하나는 디지털화입니다. 하나씩 살펴볼까요?

앞서 기후위기에 따라 산업 전환이 필요하다고 이야기했습니다. 정의로운 전환은 산업 전환과정에서 해당 기업이나 노동자만이 아니라 다양한 주체가 참여할 경로를 마련합니다. 예를 들어 석탄화력발전소나 핵발전소의 폐쇄 결정이 내려지면 그곳에 직접 고용된 노동자만이 아니라 임시직 노동자나 자영업자 등 지역경제가 복합적인 영향을 받습니다. 그래서 중앙정부와 지방정부는 정의로운 전환에 공적 자금을 투입하는 정책을 세우고 있고, 지역의 시민사회도 정부와 기업의 결정에 관심을 가질 수밖에 없습니다.

지속가능한 세상을 위한 시민권 이야기

정의로운 전환을 위한 기금 운용

"기후위기 대응을 위한 탄소중립·녹색성장기본법"에 따라 기후대응기금이 2022년 정부예산에서 총 2조 4천억 원 규모로 조성되었습니다. 법에 따르면 이 기금은 다음과 같은 용도로 집행됩니다.

1. 정부의 온실가스 감축 기반 조성·운영.
2. 탄소중립 사회로의 이행과 녹색성장의 추진을 위한 산업·노동·지역경제 전환 및 기업의 온실가스 감축 활동 지원.
3. 기후위기 대응 과정에서 경제적·사회적 여건이 악화된 지역이나 피해를 받는 노동자·계층에 대한 일자리 전환·창출 지원.
4. 기후위기 대응을 위한 녹색기술 연구개발 및 인력 양성.
5. 기후위기 대응을 위하여 필요한 융자·투자 또는 그 밖에 필요한 금융지원.
6. 기후위기 대응을 위한 교육·홍보.
7. 기후위기 대응을 위한 국제협력.

법에 따라 이 기금은 기획재정부가 관리·운용하고 각 부처가 사업의 집행을 담당합니다. 기금 운용 첫 해인 2022년에 기획재정부는 온실가스 감축 사업에 9천억 원, 저탄소 산업 생태계 조성 및 녹색금융 지원에 6천억 원, 취약산업·고용·지역 등 공정한 전환에 2천억 원, 탄소중립 제도·기반 구축에 6천억 원을 사용한다는 기금운용 방향을 잡았습니다.

이러한 정책의 방향을 잡고 예산을 세우는 작업에 안타깝게도 시민들은 참여하지 못했지만, 지방정부의 대응과정에는 조금씩 시민들이 참여하고 있습니다. 예를 들어, 2021년 2월 22일 제정된 충청남도청의 "충청남도 정의로운 전환 기금 설치 및 운용에 관한 조례"는 정의로운 전환을 "에너지 전환 대상 지역의 발전 사업자, 노동자, 소상공인, 지역주민 등이 에너지 전환 과정에서 입는 사회·경제적 피해를 최소화하고 이들이 에너지 전환 과정에 적극적으로 참여할 수 있도록 보장하고 지원하는 정책을 말한다"고 규정했습니다. 이런 지원을 위해 기금을 설치하고 기금의 용도를 다음과 같이 정했습니다.

1. 정의로운 전환에 관한 사회적 대화 프로그램 운영.
2. 에너지 전환으로 인한 지역 영향 분석.
3. 정의로운 전환에 따른 고용 승계, 재취업 훈련, 취업 알선, 전업 지원금 등 고용안정 및 일자리 전환과 관련한 사업.
4. 에너지 전환 대상 지역의 기업 유치, 소상공인 지원, 주민복지 등을 위한 사업.
5. 에너지 전환 대상 지역의 발전설비 및 부지의 해체·복원·활용

지속가능한 세상을 위한 시민권 이야기

을 위한 주민 프로그램 등 개발 지원.

6. 그 밖에 에너지 전환 대상 지역의 정의로운 전환을 위하여 충청남도지사(이하 '도지사'라 한다)가 필요하다고 인정하는 사업의 지원.

지방정부와 지역 시민사회의 역할

기금의 용도는 기업과 노동자에 대한 직접지원만이 아니라 소상공인 지원 및 주민복지 등에 넓게 설정되어 있고, 그래서 조례 제12조(위원회의 구성)도 "3. 에너지 전환 및 정의로운 전환에 관한 학식과 풍부한 경험이 풍부한 사람, 4. 에너지 전환 대상 지역의 시·군, 발전사업자, 노동조합, 사회단체, 주민, 5. 기금운용 또는 기금 관련 분야에 관한 전문지식을 갖춘 민간 전문가" 등으로 폭넓게 구성하도록 하고 있습니다. 국내에서 정의로운 전환과 관련해 첫 번째로 제정된 이 조례는 정의로운 전환의 주체 범위를 넓히고 지방정부가 관련 사업을 지원해야 한다는 점을 명시했다는 점에서 의미를 가집니다.

이런 흐름은 정의로운 전환을 주도하는 역할이 해당 기업만이 아니라 지방정부와 지역 시민사회에도 주어져 있음을 뜻합니다. 그러나 아직까지는 지방정부와 지역 시민사회가 감당해야 할 또는 이용 가능한 자원이나 맡거나 책임져야 할 역할이 분명하게 제시되지 않았습니다.

사실 정의로운 전환은 작업장을 넘어선 전략인데, 주체에 관한 논의는 작업장을 잘 벗어나지 못하고 있습니다. 해당 사업장의 노동자와 기업주가 일차적인 주체지만 실제로 전환이 진행되려면 지역사회의 논의와 협력이 반드시 필요합니다. 사업장의 역사가 오래될수록 지역사회는 관련 산업과 긍정적·부정적 연관관계를 맺고 있고, 노동자는 사업장에서 노동만 하는 것이 아니라 지역사회에서 생활하기 때문입니다. 그러니 전환에는 고용승계와 임금에 관한 협의만이 아니라 노동조건과 복지에 관한 협의도 필요합니다. 더구나 전환과정에서 불가피하게 일자리를 나누고 노동시간을 줄여야 한다면, 이것은 기존의 임금체계와 위계적 성별 분업, 가부장제의 변화를 요구합니다. 그러면서 교육이나 복지 등의 공공 서비스와 도서관과 체육관 등 공공 시설의 의미도 중요해집니다. 따라서 정의로운 전환은 단지 노동 영역만이 아니라 지역사회의 전체적인 전환을 요구하고, 지방정부와 지역 시민사회의 역할이 중요해집니다.

또 정의로운 전환이 기후위기에 대응하기 위한 것이라면, 줄여야 할 노동도 있지만 늘려야 할 노동도 존재합니다. 이것은 기존의 노동 중심 복지국가에서 생명과 안전 중심 사회로의 재편을 뜻할 수도 있습니다. 재생에너지 관련 노동이나 돌봄노동만이 아니라 기후위기/사회위기에 대응하는 다양한 일들이 요구될 수 있습니다. 그런 점에서 이런 전환과정을 조직할 지역 역량이 중요합니다. 이런 지역 역량을 키우려면 지역사회 거주민들에게 다양한 권리가 보장되어야 합니다.

앞서 이야기한 내용만 봐도, 전환과 관련된 산업정책에 참여할 권리, 전환과 관련된 기금운용에 참여할 권리, 전환과 관련된 충분한 정보를 얻을 권리, 생활임금을 받을 권리, 전환과정에서 성차별을 바로잡고 성평등을 요구할 권리, 공공 시설의 계획과 운영에 참여할 권리 등이 필요합니다. 이것은 기후위기와 관련해 새롭게 제기되는 권리라고 볼 수 있습니다.

플랫폼 노동의 문제

다음으로 디지털화를 살펴보면, 4차 산업이라 불리는 디지털화가 진행되면 사라질 일자리가 수백만 개라고 얘기합니다. 텔레마케터, 은행원, 회계사, 부동산 중개업 등 많은 일자리가 사라질 거라고 합니다. 사라지는 일자리도 문제지만 살아남은 일자리도 지금과 매우 다른 조건에서 노동자들이 일할 가능성이 큽니다.

대표적으로 요즘 빠르게 확산되고 있는 디지털 플랫폼을 살펴봅시다. 이것은 크게 지역 기반 플랫폼과 웹 기반 플랫폼으로 구분됩니다. 카카오택시나 요기요, 쿠팡처럼 모바일이나 인터넷으로 주문하면 오프라인에서 서비스가 제공되는 지역 기반 플랫폼이 있고, 번역이나 웹툰, 디자인처럼 온라인에서 모든 과정이 이루어지는 웹 기반 플랫폼도 있습니다. 예전에는 공장이나 사무실에 출근해서 업무를 받고 진행했다면, 이제는 출근하지 않고 수요자들과 직접 연결되어 일합니다. 플랫폼 회사는 상품이나 서비스 공급자와 수요자를 연결시켜 주고 그 과정에서 이익을 취합니다.

　문제는 플랫폼 노동이 매우 불안정하다는 점입니다. 직장에 고용되어 일하는 노동자는 일이 없어도 애초에 계약한 임금을 받지만, 플랫폼 노동에서는 일한 만큼만 돈을 벌 수 있습니다. 즉 일이 없으면 돈을 전혀 벌 수 없습니다. 그러다 보니 투 잡^{two job}, 쓰리 잡^{three job} 등 여러 직업을 동시에 가지는 사람들이 많습니다. 몸은 바쁜데 수입은 적고, 수입이 적으니 더 많은 일을 해야 해서 건강을 해치는 경우가 늘어납니다. 이런 노동은 지속가능하지 않고, 사람을 도구로 만듭니다.

　또 다른 문제는 플랫폼 회사가 노동자를 직접 고용하지 않는다는 점입니다. 그래서 일하다 사고나 문제가 발생하면 전적으로 노동자가 책임을 져야 합니다. 2019년에 국가인권위원회의 연구용역으로 작성된 〈플랫폼노동종사자 인권상황 실태조사 보고서〉를 보면, 고객이 보수를 지급하지 않거나 추가로 무보수 노동을 한 경우, 폭언이나 폭행을 당한 경험이 있다고 답한 사람들이 많습니다. 플랫폼 회사는 연결해 주고 이득을 취할 뿐 좋은 노동조건을 보장하지 않습니다. 각자 따로 일하기 때문에 이들이 노동조합을 만들어 단체로 권리를 행사하기도 어렵습니다(2019년 5월 배달노동자들이 모인 라이더유니온이 한국에서 최초로 만들어졌습니다).

그래서 점점 늘어나는 플랫폼 노동자의 노동권을 보장해야 한다는 목소리가 높아집니다. 외국의 경우 플랫폼 노동자를 위한 별도의 법을 만들어서 플랫폼 회사가 노동자의 노동권을 보장하고 최저임금이나 기본급을 보장하도록 합니다. 그런데 플랫폼 노동의 증가 속도가 매우 빠른 한국은 정작 이런 문제들을 제대로 다루지 않고 있습니다. 물류회사나 택배회사에서 많은 사고가 발생하고 있음에도 정부는 노동자들을 보호하기 위한 조치를 제대로 취하지 않고 있습니다. 그러니 노동자의 권리에 대한 논의가 필요합니다.

라이더유니온

한국 최초의 배달노동자 노동조합. 2018년 7월 2년째 맥도날드 배달노동자였던 박정훈 씨가 100원의 폭염수당을 요구하는 1인 시위를 시작했다. 폭염을 견디며 일하는 배달노동자를 존중하자는 의미의 수당 요구였다. 1인 시위는 한 달간 진행되었고, 이를 계기로 배달노동자들이 모이기 시작했다. 2019년 5월 1일 노동절, 50여 명의 배달노동자가 라이더유니온의 출범을 알리며 국회에서 청와대까지 오토바이 행진을 벌였다.

또 노동자만이 아니라 소비자에게도 영향을 미치는 플랫폼 노동의 문제는 개인정보입니다. 우리가 플랫폼 회사를 이용할수록 정보가 누적되고, 요즘은 여러 서비스가 통합되어 제공되면서 개인에 관한 정보가 점점 더 많이 기업들로 넘어가고 있습니다. 그러면 대형 플랫폼 회사가 시민들에 관한 지나치게 많은 정보를 가지게 될 수 있고 그것이 악용될 수도 있습니다. 따라서 이런 정보들이 제대로 관리되고 일정 시간이 지나면 지워지도록 해야 합니다. 2013년 12월에 유엔은 '디지털 시대의 프라이버시권' 결의안을 통과시키고 이 권리를 보호하기 위해 개인정보를 수집하는 절차와 법을 검토하고 통신 감시나 감청을 막을 기구를 설립하도록 권고했습니다. 한국처럼 디지털화가 빠르고 SNS를 많이 쓰는 나라에서는 이런 권리를 보호할 방법을 적극적으로 논의해야 합니다.

함께 생각해요!

SNS에 올라간 나의 정보는 누가 어떤 방식으로 관리할까요? 이와 관련된 법률은 나의 권리를 어떻게 보장할까요?

4

농민과 시민권

　시민권은 도시의 권리로 여겨지기에 농민과 시민권을 함께 얘기하는 것은 좀 이상해 보이기도 합니다. 그러나 앞으로 기후위기가 심화되면 농민과 농업의 위상이 달라질 것이고, 농민들이 기후위기에 적극 대응하려면 농민의 권리가 보장되어야 합니다.

　지금 한국의 농민들은 스스로 '열외국민'이라고 부릅니다. 정부 정책에서 완전히 소외되어 있다고 느끼기 때문입니다. 2021년 10월에 정부가 발표한 '2050 탄소중립 시나리오안'을 만드는 위원회에도 농민의 자리는 없었습니다. 그런 가운데 농·축·수산 부문의 온실가스 배출량 감축 목표는 정해져서, 2018년 2470만 톤 대비 2030년 1800만 톤으로 670만 톤(27.1%)을 줄여야 합니다. 그런데 농·축·수산 부문의 온실가스 배출량이 근 30년 이상 2천만 톤이 넘었다는 점을 고려하면 이 감축 목표는 쉽지 않은 과제입니다.

농업에서의 정의로운 전환

농·축·수산 부문은 온실가스 배출량을 줄이는 과제만이 아니라 기후위기로 초래될 식량위기에 대응하기 위해 곡물자급률을 올려야 하는 과제까지 떠안고 있습니다. 농·축·수산 부문의 온실가스 배출원 비중이 직접적인 에너지 사용보다 농작물 재배와 축산 분뇨, 폐기물 매립 등으로 이동하고 있다는 점을 고려하면, 이것은 다소 모순되는 과제를 동시에 달성해야 하는 어려운 숙제입니다.

물론 정부안에서는 축산의 경우 가축분뇨자원 순환이나 조사료粗飼料(지방, 단백질, 전분 등의 함량이 적어서 섬유질은 많지만 양분이 적은 사료) 개선이 대안으로, 농수산 부문은 영농법 개선과 화학비료 저감 및 저탄소·무탄소 어선 보급 등이 대안으로 얘기되고 있습니다. 그러나 이런 기술적 대안은 농촌의 현실을 반영하지 못합니다.

인구가 줄어드는 농촌에서 화학비료를 쓰지 않는 유기농업으로의 전환은 누가 맡을까요? 저탄소 어선에는 누가 오를까요? 경축순환농법을 위해 분뇨와 부산물을 자원화하고 이를 다시 농사에 쓸 사람은 얼마나 있을까요? 농림어업총조사가 실시된 2010년 이래 농·림·어가 인구는 2010년 348만 명에서 2020년 265만 명으로 83만 명이 줄었고, 2020년 기준으로 65세 이상 고령인구 비율은 41.7%입니다. 자, 2030년까지 농어업의 탄소중립을 추진할 사람들은 얼마나 될까요? 단순한 숫자 대비로도 그 어려움을 알 수 있습니다.

사람의 수만이 문제는 아닙니다. 2020년 농가소득은 평균 4503만 원으로 역대 최고를 기록했지만 도시근로자 가구소득과 비교하면 62.2% 수준입니다. 그런데 이 농가소득에서 농업소득보다 농업외소득과 이전소득 비중이 70%에 달합니다. 즉 농사만으로는 생활에 필요한 돈을 마련하는 것이 불가능합니다. 더구나 90%의 중·소 농가와 10% 대농의 격차가 계속 벌어지고 있고, 농촌 내 소득분위를 비교하면 상위 20% 농가소득이 하위 20% 농가소득보다 10.9배나 높습니다. 양극화는 도시에서만 발생하는 것이 아닌 것입니다. 시설과 기술전환 중심의 탄소중립정책은 오

경축순환농법

친환경 농업을 실천하는 자가 경종(耕種, 논밭을 갈아 씨를 뿌림)과 축산을 겸업하며 각각의 부산물을 작물 재배와 가축 사육에 활용하고, 경종 작물의 퇴비 소요량에 맞추어 가축 사육 마리 수를 유지하는 형태의 농법.

히려 농촌의 양극화를 심화시킬 수 있습니다.

제조업을 비롯한 산업계에서의 정의로운 전환이 노동자의 일자리를 보전하고 정의롭게 전환시키는 것을 목표로 삼고 있다면, 농업에서의 정의로운 전환은 목표조차 세워져 있지 않습니다. 제조업과 같은 산업은 일자리가 수치로 계산되어 대대적인 정부 지원을 요구할 근거가 되지만, 농업의 경우 식품가공업에 종속되어 있음에도 자영업으로 여겨집니다. 그러니 전환에 대한 지원도 부족하고 양극화를 완화시킬 방안도 없습니다. 정부 정책에 이런 부분에 대한 고민은 빠져 있고, 농촌의 현실을 고려한 지원책도 보이지 않습니다.

농업과 농촌에 대한 새로운 관점의 정책

한편에서 식량자급률과 식량주권에 관해 이야기하면서도 이처럼 정부 정책에는 농업의 자리가 없고 농민 단체들의 요구는 무시됩니다. 2021년 12월 10일에도 기획재정부는 조류인플루엔자^{AI,} _{Avian Influenza}가 발생해 달걀 가격이 오를 거란 예측이 나오자 2022년 6월까지 달걀의 무관세 수입을 허용했습니다. 물가를 안정시킨다는 명분이 농정農政(농사에 관한 정책이나 행정)의 필요성을 언제나 압도합니다. 농민이 농사를 지어 생활할 수 없는 나라에서 농업의 탄소중립은 어떻게 가능할까요? 그나마 농민기본소득이나 농민수당이 얘기되고 있지만 제대로 된 농정이 수립되지 않는 이상 언 발에 오줌 누기가 될 수밖에 없습니다.

그래서 이제는 다음과 같이 농업과 농촌에 대한 다른 관점이 필요합니다.

첫째, 다른 산업과 비교할 때 농업에서는 기술만큼 사람의 몫이 중요하고, 전환은 더 많은 일손을 필요로 합니다. 그런 점에서 사람에 대한 지원이 필요한데, 새로 들어올 사람만큼 이미 살고 있는 사람에 대한 적절한 지원이 중요합니다. 이미 생활하는 사람들의 존엄과 건강, 생활을 유지시킬 기본 인프라infra(사회적 생산이나 경제활동의 토대를 형성하는 기초 시설. 사회간접자본)를 조성해야 합니다. 그리고 떠나지 못해 농어업에 종사하는 무능한 사람들이 아니라 꼭 필요하고 소중한 터전을 지키는 사람에 대한 지원이라는 관점이 명확해져야 합니다. 이와 관련해 논의되는 방안은 농업을 국가의 기간산업으로 지정하고 농민에게 준공무원 신분을 부여하는 것입니다. 먹거리는 반드시 필요한 것이므로 국가가 계획을 세

언 발에 오줌 누기

처음엔 좋아지는 것 같아도 그 효력이 오래가지 않을 뿐 아니라 상황이 더 나빠지는 경우를 이르는 속담.

위 체계적으로 관리하고, 농민은 그에 걸맞은 혜택과 권리를 누리는 것입니다.

둘째, 도시와 농촌 모두의 불평등을 완화할 전략이 필요합니다. 이미 농업은 규모와 품종에 따라 다층화되어 농민이라는 단일군으로 묶는 것이 불가능합니다. 그리고 계약관계에 종속된 농민의 처지나 이주노동자들로 대표되는 농업노동자의 노동조건은 산업 부문의 비정규직이나 일용직 노동자와 비교되지 못할 정도로 열악합니다. 이런 열악함은 일시적 지원책으로 바로잡기 어렵습니다. 생산-유통-소비-순환의 체계가 바뀌어야 하고, 이주노동자나 농업노동자의 권리를 새롭게 정의하고 보장하는 과정이 필요합니다. 농업은 자연 주기에 따라 수확시기가 다르므로 그 철에만 일하는 계절노동자가 생길 수밖에 없기에, 이에 맞춘 노동권을 보장해야 합니다.

셋째, 식량위기 극복은 농촌만의 과제일까요? 기후위기가 초래할 식량위기에 적극적으로 대응하려면 농촌만이 아니라 도시에서도 농업에 관한 고민을 해야 합니다. 먹거리 체계의 탄소발자국을 줄이고 기본적인 자급체계를 마련할 뿐 아니라 농업의 가치를 인식하는 것은 체험을 통해 가능합니다. 그런 점에서 도시는 농업과 계속 무관할 수 없고, 도시농업은 주말텃밭을 넘어 먹거리의 공공성과 기본권을 강화하는 디딤돌이 되어야 합니다. 도시의 공간에 건물을 계속 올릴 게 아니라 곳곳에 텃밭을 만들어 누구나 우리가 일상생활을 하면서 탄소를 얼마나 배출하는지 그 양을 한눈에 볼 수 있도록 표시한 것. 상품을 만들고, 쓰고, 버리는 과정에서 나오는 이산화탄소의 양을 뜻하는 말로, 2006년 옥스퍼드 영어사전에 탄소발자국(carbon footprint)이라는 말이 처음 등재되었다.

먹거리에 접근할 수 있도록 보장해야 합니다. 지금은 꽃을 심고 화단을 관리하는 공공일자리보다 조금이라도 먹거리를 생산하는 공공일자리가 필요합니다. 앞서 살폈던 커먼즈(공유지)나 새로운 시민권이 요구되어야 하는 거죠.

넷째, 탄소중립은 단기적으로 달성할 수 있는 목표가 아니라 중장기적으로 계속 추진되어야 할 정책입니다. 그렇다면 이와 관련된 체계적인 교육과 농업에 대한 사회의 인식 변화가 필요합니다. 그런 점에서 특색을 잃고 사양화된 특성화고등학교뿐 아니라 일반고등학교에서도 농업을 다룰 방법을 진지하게 고민할 필요가 있습니다. 농업을 다룰 교육과정이 농민의 관점에서 고민되어야 합니다.

농민의 시민권, 지속가능한 사회의 기초

2018년 12월 유엔총회에서 승인된 '농민권리선언'도 비슷한 내용을 담고 있습니다. 농민권리선언은 "농민은 혼자서 또는 다른 이들과 함께 연합하여, 또는 공동체로서, 생계 및/혹은 판매를 위한 소규모 농업생산을 하고 있거나 종사하려는 사람으로서, 전적으로는 아니더라도 상당 수준으로 가족이나 가사노동 혹은 화폐가치화되지 않은 방식으로 조직된 노동에 의존하며, 토지에 특별한 의존성과 애착을 갖는 사람"으로 농민을 넓게 규정합니다. 그리고 "이민법상 신분과 무관하게 모든 이주노동자를 포함하여 플랜테이션, 농장, 산림, 수산양식장, 농산업체의 농장에서 일하는 임금노동자와 계절노동자에게도 적용된다"고 규정합니다.

또 "농민 농촌노동자는 임시노동자·계절노동자 또는 이주노동자 등 자신의 법적 상태와는 상관없이, 안전하고 건강한 작업 환경에서 일할 권리를 가지며(제14조 1항), 농민 농촌노동자는 농약이나 농업 또는 산업 오염물질을 비롯한 유해물질이나 유독 화학품을 사용하지 않거나 노출되지 않을 권리(제14조 2항)"를 가집니다. 이에 따라 "국가는 농민 농촌노동자에게 안전하고 건강한 작업 환경을 보장할(제14조 3항) 의무를" 갖습니다.

해당 선언문에는 먹거리와 농업을 위한 식물유전자원들에 관한 전통지식 보전에 대한 권리뿐 아니라 이익을 공유하는 과정에 공정하게 참여하고, 종자나 번식물질을 교환하고 판매할 권리(제 19조 1항)까지 포함되어 있습니다. 이런 권리가 보장된다면 농민은 계속 원하는 방식으로 농사를 지으며 살 수 있겠지요.

농민의 시민권은 지속가능한 사회를 만드는 기초입니다. 농촌은 단순히 식량을 생산할 뿐 아니라 생태계를 보존하고 정서적 안정을 유지하는 기능을 합니다. 그런 점에서 이제는 농촌도 시민권의 내용을 채우는 중요한 공간이 되어야 합니다.

함께 생각해요!

농민에게 보장되어야 할 시민권 중 가장 중요한 것은 무엇일까요? 그리고 그 이유는 무엇일까요?

지속가능한 미래를 함께
살아가기 위한 토대

앞으로 다가올 기후위기는 극복이나 극기의 대상이 아니라 적응과 대응의 대상입니다. 그러니 발생할 수 있는 재난을 예상하며 그에 따른 시민권을 보장하고 확장해야 합니다. 예를 들어, 기후위기 상황에서는 다양한 복합재난이 발생할 수 있고 국경을 넘나드는 대규모 재난이 발생할 수 있습니다. 태풍이 정전과 화재로, 폭우가 수해와 붕괴 등으로 이어질 수 있습니다. 장애인, 노인, 청소년 등은 이런 재난에 더욱더 취약하니 이들을 위한 별도의 프로그램도 필요합니다. 폭염과 혹한은 국가를 넘어 광범위하게 발생해 그에 대응하는 데 있어 시민권의 범위가 국경을 넘어 확대될 필요도 있습니다. 이제는 안전에 대한 권리만이 아니라 앞으로 살아갈 기반을 마련할 권리도 필요하고, 그러려면 시민권에 대한 다양한 고민이 필요합니다.

앞으로 어떤 일이 벌어질지 모르기 때문에 기계적인 권리 보장이나 단순한 안내서보다는 재난에 대응하고 회복력을 키울 시민의 힘과 공공성 강화가 중요합니다. 위기 대응을 개인의 능력에 맡기지 말고 공공公共의 힘을 강화해야 합니다. 안전마저도 사유화하고 소유화하려는 흐름에 맞서 먹거리, 의료, 주거, 교통 등에서 공공성을 강화하는 싸움이 필요합니다. 그 싸움에서 지역의 특성을 드러내고 반영하는 다양한 대안이 만들어질 때 지속가능한 삶의 토대가 마련될 것입니다.

다양한 대안을 말한 이유는 권리에 대한 진단과 대응이 꼼꼼해야 하기 때문입니다. 문제를 단번에 해결할 만병통치약은 현실에 존재하지 않습니다. 꼼꼼하고 쫀쫀한 대응이 필요합니다. 예를 들어, 건강권과 의료공공성을 이야기하면 보통 공공의료원 설치로 논의가 집중됩니다. 그렇지만 광역자치단체에 공공의료원을 하나씩 설치하더라도 그 넓은 면적에 골고루 의료혜택을 주기는 어렵습니다. 그렇다고 전국의 기초자치단체에 공공의료원을 하나씩 설치한다면 그 비용과 인력을 감당하기 어려울 겁니다. 그리고 공공의료원을 많이 세운다고 반드시 건강권이 보장된다고 말하기도 어렵습니다. 아플 때 치료받는 것도 중요하지만 아프지 않도록 생활하는 것도 중요하기 때문입니다. 그렇다면 건강권은 좋은 노동조건과 충분한 휴식, 정서적 안정 등의 여러 조건이 충족될 때 보장될 수 있습니다. 그런 점에서 시민권은 하나의 권리가 아니라 다양한 권리가 서로 접목되면서 보장될 수 있습니다.

그리고 어떤 면에서는 그런 권리의 보장을 정부의 역할로만 맡겨 놓기 어렵습니다. 정부가 나서야 할 부분은 분명히 존재하지만 정부가 제대로 대처하지 못할 때에도 시민들이 버틸 수 있는 힘이 필요하기 때문입니다. 그래서 정부가 일일이 대안을 마련하지 못한다면, 누군가는 에너지나 먹거리, 주거, 교통 등에서 나름의 해결책을 하나씩 만들어야 합니다. 협동조합이나 공동체처럼 시민들이 힘을 모아 대안을 만들어 온 사례는 무수히 많습니다. 그런 사례들을 통해 시민들 스스로 서로의 권리를 보장하고 강화할 방법을 찾아야 합니다.

우리가 겪을 위기는 단순한 혼란이 아니라 파국에 가깝습니다. 파국은 기성 질서의 무너짐이기도 하지만 새로운 질서의 시작이기도 합니다. 혁명이 궤도의 운행*revolutionibus*과 복구를 뜻하는 말이었듯이 파국도 시작을 의미할 수 있습니다. 파국은 현재의 위기와 파멸을 피하는 것이 아니라 그 끝을 상상하면서 새로운 질서를 만들려는 노력이기도 합니다.

그렇다면 새로운 질서는 파국의 회피가 아니라 파국의 직면, 파국의 수용을 통해 가능하지 않을까요? 따라서 기존 질서의 연장선상에서 앞으로 닥칠 위기를 볼 것이 아니라 새로운 질서의 눈으로 닥칠 위기를 준비하는 것이 필요합니다.

이제 우리는 서로를 어떻게 만나고, 무엇에 관해 이야기하고, 어떻게 소통해야 할까요? 미래의 시민권은 그런 무수한 만남과 대화를 통해 더욱더 풍부해질 것입니다.

- 참고문헌 -

단행본

마우리치오 비롤리, 《공화주의》, 김경희·김동규 옮김, 인간사랑, 2006.

서경식, 《디아스포라 기행: 추방당한 자의 시선》, 돌베개, 2006.

송호근, 《시민의 탄생》, 민음사, 2013.

웬디 브라운, 《관용: 다문화제국의 새로운 통치전략》, 이승철 옮김, 갈무리, 2010.

정상호, 《시민의 탄생과 진화》, 한림대출판부, 2013.

제이슨 히켈, 《적을수록 풍요롭다》, 김현우·민정희 옮김, 창비, 2021.

제임스 스콧, 《우리는 모두 아나키스트다》, 김훈 옮김, 여름언덕, 2014.

한나 아렌트, 《정치의 약속》, 김선욱 옮김, 푸른숲, 2007.

_____, 《전체주의의 기원 1, 2》, 이진우·박미애 옮김, 한길사, 2006.

한재각, 《기후정의》, 한티재, 2021.

보고서

국가인권위원회, 〈결혼이주여성 체류실태 요약자료〉, 2018년 6월 21일.

기후변화정부간협의체, 〈지구온난화 1.5도 특별보고서〉, 2018년 10월.

세계불평등연구소, 〈세계불평등 보고서 2022〉, 2021년 12월.

유엔난민기구, 〈한국인의 난민 인식 보고서〉, 2020년 12월.

지속가능발전해법네트워크(SDSN), 〈2022 세계 행복보고서〉, 2022년 3월 18일.

행정안전부, 〈2020년 지방자치단체 외국인 주민 현황〉, 2021년 11월.

외서

C. Douglas Lummis, *Radical Democracy*, Cornell University Press, 1997.

22, 31, 41, 50, 80, 135, 141쪽: wikimedia commons

70, 86, 93, 97, 153쪽: helloarchive.co.kr

110, 125쪽: flickr.com

159쪽: pexels.com